COACHING
aplicado à área de VENDAS

Especialistas abordam os mais revolucionários métodos para conquistas de grandes resultados em vendas

coordenação:
Andréia Roma,
Patrícia Morais e
Raul Candeloro

1ª edição

Editora **Leader**.

São Paulo, 2016

Copyright© 2016 by **Editora Leader**
Todos os direitos da primeira edição são reservados à **Editora Leader**

Diretora de projetos
Andréia Roma

Diretor executivo
Alessandro Roma

Projeto gráfico e diagramação
Roberta Regato

Revisão
Miriam Franco Novaes

Gerente comercial
Liliana Araujo Moraes

Impressão
Color System

Dados Internacionais de Catalogação na Publicação (CIP)
(Câmara Brasileira do Livro, SP, Brasil)

Coaching aplicado à área de vendas : especialistas abordam os mais revolucionários métodos para conquistas de grandes resultados em vendas / coordenação Andréia Roma, Patrícia Morais e Raul Candeloro . -- 1. ed. -- São Paulo : Editora Leader, 2016.

Vários autores.
Bibliografia
ISBN 978-85-66248-42-5

1. Administração de vendas 2. Clientes - Contatos 3. Coaching 4. Liderança 5. Sucesso em negócios I. Roma, Andréia. II. Morais, Patrícia. III. Candeloro, Raul.

16-02182 CDD-658.85

Índices para catálogo sistemático: 1. Coaching de vendas : Administração 658.85

EDITORA LEADER
Rua Nuto Santana, 65, 2º andar, sala 3 - Jardim São José, São Paulo - SP
02970-000 / andreiaroma@editoraleader.com.br / (11) 3991-6136

"Feliz aquele que transfere o que sabe e aprende o que ensina."
(Cora Coralina)

A Editora Leader agradece a participação dos (as) especialistas convidados (as) para fazer parte desta obra, certa de compartilhar o melhor e mais atual conteúdo para o mercado de trabalho.

Procuramos selecionar destacados (as) profissionais em cada área publicada com foco na qualidade e experiência de cada um.

Desejamos que você, leitor, obtenha ainda mais resultados com este conteúdo, proporcionando crescimento pessoal e profissional.

Andréia Roma
Fundadora e Diretora da Editora Leader

Índice

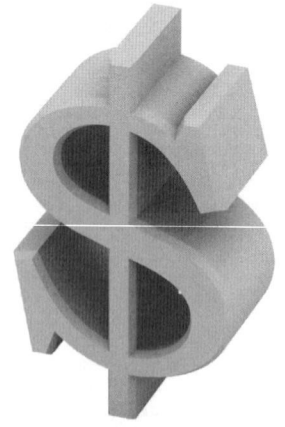

Introdução - 6

Capítulo 1 - Alexandre Ramos Barbosa e Marcos Martins de Oliveira
Entenda como o Coaching pode potencializar
seu processo de vendas 9

Capítulo 2 - André Zem
O despertar de um vendedor Coach 19

Capítulo 3 - Bethânia Brum
Poderosas ferramentas 31

Capítulo 4 - Geisa Kaline de Carvalho Araújo
Negociando com valores 43

Capítulo 5 - Humberto Mello
Ferramenta estratégica para negociação.. 53

Capítulo 6 - José Neto
Pergunta$ Podero$a$ + capacidade de ouvir = Vender Mai$ 67

Capítulo 7 - Júnior Teixeira
Coaching e meditação aplicados à equipe de vendas 77

Capítulo 8 - Marco Túlio Costa
Linguagem hipnótica aplicada ao processo de vendas 89

Capítulo 9 - Patrícia Morais
Agressividade em vendas 95

Capítulo 10 - Ramon Enoc
Alta performance em vendas.. 107

Capítulo 11 - Raul Candeloro
Check list para dar feedback inteligente, produtivo e motivador
a um vendedor usando técnicas de Coaching 119

Capítulo 12 - Renata Lavôr
Foco e produtividade... 125

Capítulo 13 - Ricardo Abel
Ferramentas de um vendedor Coach 135

Capítulo 14 - Roberta Gomes
Descomplicando o atendimento com o Coaching................................ 147

Capítulo 15 - Roberto Recinella
Seja um vendedor tardígrado 157

Capítulo 16 - Vanessa Cotosck
Foco do cliente ou no cliente? 167

Capítulo 17 - Prof. Wilson Saraiva
Quando tudo dá errado! 179

Introduçao

Por Patrícia Morais

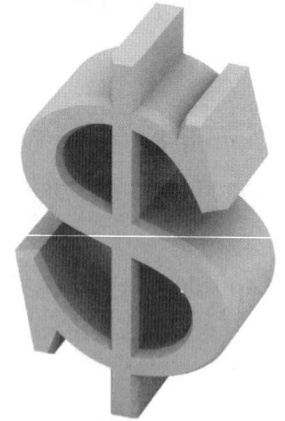

Como coordenadora da obra e com experiência de mais de 20 anos em vendas, continuo nesse fascinante ofício. Gosto da dinâmica da área de vendas, de conhecer gente nova, da missão de ajudar os clientes, da inexistência de rotina. Nenhum dia em vendas é igual ao outro. Conheci o processo de Coaching em 2006, no papel de coachee, e na minha opinião é uma das principais ferramentas de desenvolvimento de performance que existe. Com o processo de Coaching eu performei melhor, tanto pessoalmente, quanto como gestora de vendas. Graças ao Coaching, meu olhar se expandiu, meu autoconhecimento se agigantou, e meu poder de realização foi turbinado. Para que esse ganho de performance aconteça, é preciso um ingrediente indispensável; o coachee, ou seja, o cliente, precisa querer, senão, nada acontece, por melhor que seja o Coach.

O universo das vendas, embora em primeiro plano possa parecer resumido ao universo dos vendedores e gestores de vendas, se estende a todos os profissionais. "Como assim?" Você deve estar se perguntando. É isso mesmo! Todos nós, mesmo não estando oficialmente exercendo o papel de vendedor ou gestor de vendas, precisamos "nos vender" em algum momento. O engenheiro que "vende" seu currículo ao empregador no momento da entrevista de emprego, a professora que "vende" suas aulas aos alunos, o arquiteto que "vende" seu projeto ao cliente, sua secretária do lar, que "vende" seus serviços domésticos, enfim, todos nós assumimos papéis de vendedor e gestor de vendas em algum momento em nossa vida, e muitas vezes nem percebemos! Será que todo advogado sabe que em determinado momento ele é vendedor? É uma situação até engraçada, né?! Mas é a mais pura verdade! Todos somos vendedores! Nem que seja em momentos pontuais, mas momentos pontuais importantíssimos!

Tenho uma amiga consultora que sempre se queixa comigo que não sabe prospectar clientes, e por isso às vezes fica sem trabalho! Tenho vários amigos arquitetos formados que não emplacaram a carreira solo pois não conseguiram vender o seu talento aos clientes por mera timidez, não souberam como divulgar o seu trabalho e tiveram de se submeter a trabalhar como assalariados. Em alguns momentos, até com salários bem inferiores aos que poderiam alcançar se tivessem investido em seus próprios escritórios, ou seja, se tivessem procurado um Coach para ajudá-los a vencer essas dificuldades. Poderia citar aqui muitos, muitos exemplos. Tudo isso acontece porque esses profissionais não perceberam que precisam assumir esse papel de vendedor, e precisam aprender alguns passos da venda: prospectar, elaborar a proposta, apresentar a proposta, negociar, fechar, enfim, precisam ser vendedores de si mesmos! Assim como o Coaching se aplica a qualquer pessoa que queira performar melhor, essa obra se aplica também a qualquer pessoa. Tanto a um vendedor ou gestor que tenham a área de vendas como ofício quanto a profissionais de outras áreas que desejam desenvolver o seu vendedor interno.

Nesta obra, reunimos vários profissionais experientes em Coaching. Uns com experiência também no processo de vendas, e outros em desenvolver o vendedor interno que existe em cada um de nós, e que muitos profissionais não sabem nem que precisam dele.

O livro traz abordagens muito interessantes sobre esse universo do Coaching aplicado à área de vendas com uma amplitude de possibilidades.

Descubra seu vendedor interno e aperfeiçoe sua performance!

COACHING
aplicado à área de
VENDAS

Alexandre Ramos Barbosa
e Marcos Martins de Oliveira

Entenda como o Coaching pode potencializar seu processo de vendas

Alexandre Ramos Barbosa e Marcos Martins de Oliveira

Alexandre - Diretor executivo da Hipermarca Consultoria, consultor empresarial e palestrante. Tem vários anos de experiência em gestão e marketing. Especialista em empreendedorismo e motivação, trabalha também como consultor de resultados do programa comportamental Desafio Empreendedor. Com MBA em Marketing pela Fundação Getúlio Vargas - FGV. Especialista em Marketing pela Univila. Formado em Administração de Empresas pela Fabavi. Com três certificações internacionais: Professional, Self & Life Coaching; Leader Coach e analista de perfil comportamental.

(27) 98801-2747 - Oi / 99817-2747 - Vivo
alexandre@hipermarca.com.br / www.hipermarca.com.br

Marcos - Diretor executivo do Instituto Advento, Master Coach & Mentor com várias formações internacionais. Possui 20 anos de experiência educacional e empresarial. Especialista em Inteligência Emocional e Espiritual. Mestre em Ciências Sociais da Religião. Mestrando em Administração de Empresas pela Fucape. Especialista em Psicopedagogia e em Educação Especial. Graduado em Gestão de RH, em Pedagogia e com Bacharelado em Teologia. Com formação e certificação em Psicanálise Clínica, Terapia Familiar e de Casal, Neuropsicologia e Neurolinguística.

(27) 99875-3468
advento@gmail.com / www.institutoadvento.com.br

Se você é empresário, empreendedor, vendedor, consultor ou Coach e está envolvido na área de vendas, você já passou, ou está passando, ou vai passar por um dos casos descritos abaixo:

• Tem um bom resultado, mas ainda não alcançou seu potencial máximo;

• Está com dificuldades de se desenvolver no mercado;

• Está perdendo espaço no mercado;

• Está com dificuldades de fidelizar seus clientes;

• Fez um planejamento de vendas, mas não está atingindo as metas.

Quando estamos passando por um desses casos acima, queremos resolver essa situação logo e partimos para fazer uma reorganização no nosso processo de vendas. Neste momento, alguns buscam uma consultoria externa, outros começam um processo interno de análise e reestruturação.

Quando paramos para desenvolver este artigo, pensamos exatamente neste momento da sua vida ou da sua empresa. Decidimos, então, fazer um texto simples de ler, que fosse direto e prático para ajudar você a escolher qual caminho seguir. Além de apenas escolher entre buscar ajuda externa, através de uma consultoria, ou começar um processo interno, vamos lhe apresentar neste artigo uma terceira opção que se apresenta de forma muito efetiva, que é trazer a metodologia de Coaching para dentro do processo de vendas. Esse processo é chamado de "Coaching aplicado à área de vendas", "Coaching em vendas" ou "Coaching de vendas".

Para que você pudesse entender a força dessa metodologia, estruturamos o nosso artigo da seguinte forma:

1. Na primeira parte, vamos mostrar as cinco etapas de uma consultoria externa ou um processo interno de reorganização. Claro que de uma forma simplificada e resumida. Sabemos que temos consultorias e processos internos mais elaborados e complexos, mas de forma geral todos seguem mais ou menos o modelo das cinco etapas;

2. Na segunda parte, iremos conceituar o que é Mentoring e Coaching;

3. Já na terceira, iremos exemplificar, por causa do pequeno espaço deste artigo, a aplicação do Coaching apenas na primeira etapa do processo e mostrar os seus excelentes resultados;

4. Na quarta e última parte, além de dar mais detalhes sobre o assunto, iremos te dar um presente!

AS CINCO ETAPAS DE UMA CONSULTORIA OU DE UM PROCESSO INTERNO

Como já dissemos, uma consultoria externa ou uma equipe interna de reorganização do processo de vendas terão, de forma simplificada e resumida, de passar pelas seguintes etapas:

1. Análise e Identificação

Na primeira etapa, define-se com detalhes como está organizada a empresa na área de vendas. É imprescindível conhecer como funcionam todos os processos e etapas. Como é vendido seu produto ou serviço? Qual o procedimento, passo a passo, formal e informal, documentado e não documentado? O conhecimento "real" do processo existente é onde tudo começa. Não podemos reinventar o processo sem antes entender o que já se faz. Todas as pessoas envolvidas neste processo devem ser ouvidas (diretores, gerentes, vendedores e clientes). É muito comum após essa etapa de análise e identificação, ao apresentar o relatório de diagnóstico, o proprietário ou líder expressar palavras como:

- "Eu não sabia que isso estava acontecendo!";
- "Sabia que existiam esses problemas, mas não sabia que estavam assim!"

Essa etapa é uma fase de diagnóstico, de raios X do processo de vendas. Essa é a base de toda a nova reestruturação. Se tiver alguma informação ou dado não coletado nesta etapa, pode prejudicar todo o processo restante.

2. Estruturação das metas e do resultado desejado

Na segunda etapa, deve-se, a partir do relatório de diagnóstico, desenhar como seria o modelo de processo ideal para atingir as metas e o resultado desejado. Deve-se pensar em cada segmento do processo e não no todo apenas. De forma coletiva e individual, todos devem ser ouvidos, mesmo aqueles que não participam diretamente do processo. Para exemplificar, selecionamos alguns de vários itens que devem ser considerações neste momento:

- Reestruturação interna. Estudar todos os setores e a interação entre eles;
- Redefinição do posicionamento estratégico de mercado (nicho e novos segmentos);

- Avaliação e reestruturação do mix de produtos e serviços;
- Avaliação e reestruturação da remuneração e sistema de comissões;
- Definição de metas de vendas, lucratividade, imagem corporativa, dentre outros.

3. Elaboração do planejamento

Na terceira etapa, uma vez tendo o diagnóstico do processo e os problemas levantados, definem-se as metas e o resultado desejado e todas as situações que envolvem essas metas e resultado. Agora, podemos definir as estratégias e as políticas que serão adotadas de forma organizada em um planejamento. Nele, estarão todas as ações e atividades necessárias, com datas e sequência de execução, além de recursos, definições de responsabilidade e comprometimento de cada um.

4. Execução do planejamento

Na quarta etapa, é o momento da execução de tudo aquilo que foi planejado. É hora da ação coordenada entre todos os envolvidos para resolver os problemas ou situações que não permitiam o avanço e o alcance das metas e objetivos.

5. Acompanhamento, avaliação e adaptação

Na quinta e última etapa, é o momento de acompanhar e controlar os resultados da execução do planejamento, incentivar a autoavaliação dos envolvidos, avaliar a mudança e participação de cada um. Neste momento, podem acontecer ao menos três situações:

- O planejamento está sendo executado e os resultados estão aparecendo de forma satisfatória. Continuamos com o planejamento, acompanhamento e avaliação;
- O planejamento está sendo executado e os resultados não estão aparecendo de forma satisfatória. Neste momento, é necessário retornar às etapas anteriores, verificar o que está acontecendo e, se for necessário, fazer alguma adaptação;
- O planejamento não está sendo executado, é necessário retornar às eta-

pas anteriores, verificar o que está acontecendo e fazer as adaptações necessárias.

Essa etapa de acompanhamento, avaliação e adaptação do planejamento deve ser feita até se alcançar o resultado desejado. Depois, o processo começa de novo, novas realidades e novos resultados desejados. A vida profissional é feita desse iniciar e terminar. Um recomeço a cada fase! Nunca acaba!

CONCEITUANDO MENTORING E COACHING NA ÁREA DE VENDAS

Mentoring é um processo no qual um mentor (profissional mais experiente) usa ferramentas e técnicas associadas aos seus conhecimentos e vivências para orientar e guiar seu mentoree/cliente. O mentor acompanha e orienta durante o processo, mas o cliente é o responsável por tomar as decisões e ser dono do seu próprio destino.

Coaching é um processo em que um Coach (profissional certificado), através de ferramentas e técnicas, retira de dentro da própria pessoa o seu potencial máximo e as respostas para avançar em cada etapa. Usando técnicas para controle emocional, faz a pessoa compreender como funcionam as suas emoções. No decorrer deste processo, o cliente assume a direção da sua vida, modificando sua estrutura interna e mudando a forma de agir, alcançando assim suas metas e objetivos na área pessoal e profissional. Neste processo, o cliente é o centro.

Quando aplicamos a metodologia do Mentoring e do Coaching na área de vendas, temos uma libertação do profissional de vendas. Em muitos casos, quando ocorre uma consultoria, o cliente recebe um método de trabalho eficiente, mas um modelo externo e diferente da sua estrutura interna. Sendo assim, durante a consultoria o processo funciona e os resultados são alcançados, mas com a saída da consultoria o cliente começa a adaptar o método implantado a sua estrutura interna e com o passar do tempo os resultados desaparecem, pois o método da consultoria já não é respeitado e executado, pois foi adaptado!

Já no processo de Coaching o método formado junto com o cliente não é externo, não é diferente da sua estrutura interna de pensamentos e ações, por isso, o cliente assume o controle e tem o poder de criar um método eficaz e eficiente que permanece, mesmo após a saída do Coach.

Acreditamos que para atuar na área de vendas o Coach precisa também ser um mentor (especialista). Neste caso, estamos assumindo que o Coach & Mentor é um especialista, que tem experiência, que tem técnicas e ferramentas de Coaching aplicadas especificamente à área de vendas.

APLICAÇÃO E RESULTADOS DO COACHING

Nesta parte do texto, iremos exemplificar como a aplicação do Coaching pode facilitar e ampliar os resultados de um processo de reorganização na área de vendas. Por causa do pequeno espaço deste artigo, a aplicação do Coaching será feita apenas na "Análise e Identificação", que é a primeira etapa do processo.

Como já foi dito, nessa etapa, é necessário definir com detalhes como está organizada a empresa na área de vendas. É imprescindível conhecer como funcionam todos os processos e etapas, passo a passo, formal e informal, documentado e não documentado. É imprescindível conhecer em detalhes cada colaborador e como ele está envolvido no processo. Com as técnicas de Coaching, poderá mapear a estrutura interna dos envolvidos no processo, suas emoções, suas limitações, suas habilidades e suas competências. Através de técnicas como Avaliação da Natureza Motivacional e Avaliação Comportamental DISC, poderá saber com detalhes como motivar e trabalhar com cada colaborador de forma individual e coletiva. Através da técnica de Rapport, por exemplo, conseguirá uma ligação direta com os envolvidos de forma mais segurança e confiável, tendo assim informações privilegiadas da realidade da empresa, que de outra forma não apareceriam. A aplicação do Coaching, neste momento, potencializa o diagnóstico e avaliação, dando mais clareza e rapidez ao processo.

Lembro, por exemplo, de um grupo de vendedores que estava em uma sessão de Coaching coletiva na qual o tema abordado era política de comissão e surgiu a ideia de que a comissão fosse baseada no montante de vendas total de todos os vendedores e não apenas nas vendas do próprio vendedor, com isso, a comissão passava a ser calculada a partir da meta coletiva e não individual. Isso, segundo aquela equipe, iria ampliar o espírito de união e amizade que existia entre eles porque todos iriam trabalhar em equipe, pois a venda de qualquer um deles era usada para aumentar a comissão de todos. Diferente da maioria, naquele caso específico, esta sugestão foi levada a apreciação e depois aceita, gerando resultados positivos para aquela equipe e empresa. Neste caso, conduzimos a empresa a pensar diferente para ter resultados diferentes, sendo que a resposta aos seus problemas partiu deles, alcançando resultados nunca vistos até então!

Um dos grandes problemas encontrados na área de vendas é o desequilíbrio emocional dos envolvidos no processo. Muitas vezes, diagnosticamos que a empresa investiu pesado em uma estrutura para os vendedores, mas os mesmos não a usam e os resultados não aparecem. Quando mapeamos esses vendedores, eles estavam desmotivados, sem foco, sem energia e desequilibrados emocionalmente. Com isso, não conseguiam usar a estrutura oferecida para eles. Para alcançar resultados significativos, precisamos estar bem! Se você, como indivíduo, não estiver bem em todas as suas dimensões, você não alcançará o seu potencial máximo ou os resultados alcançados não serão sustentáveis! Você precisa investir em todas as áreas da sua vida. Você precisa cuidar do físico, mental, social, emocional e espiritual para ter saúde completa e sucesso profissional sustentável. Esse era o problema daqueles vendedores, estavam com sua vida pessoal toda desequilibrada. Depois dessa fase de diagnóstico, fizemos várias palestras e sessões individuais de Coaching para melhoria da vida pessoal, rapidamente foram sentidos os resultados na vida profissional e conseguimos colocar a estrutura para ser usada e, com isso, os resultados financeiros começaram a aparecer. A vida pessoal está intimamente ligada à vida profissional e vice-versa.

Como mostramos acima, as técnicas e ferramentas de Coaching poderão acelerar os resultados desta fase de "Análise e Identificação", levando a uma intervenção direta e com resultados mais positivos.

FINALIZANDO

Para você que está começando ou que quer estudar mais sobre as técnicas e ferramentas de Coaching, vamos mencionar algumas que lhe ajudarão a alavancar suas vendas. Procure conhecer as seguintes ferramentas: Mapeamento Emocional, Avaliação Comportamental DISC, Avaliação da Natureza Motivacional, Preferência Cerebral, Gatilhos Mentais, Ferramentas de Feedback, Avaliação 360º Adaptada, Avaliação Empresarial, Rapport, Funil de Vendas, Diário de Bordo etc.

Esperamos que tenha gostado do nosso artigo. Se você tiver interesse em saber como aplicar o Coaching em todas as etapas do processo de vendas ou quiser saber como aplicar em todos os processos da sua empresa, entre em contato conosco, para saber como funciona o COACHING DE VENDAS ou o COACHING EMPRESARIAL.

Para finalizar, preparamos um presente com muito carinho para você, basta acessar o link abaixo para participar de um curso sobre Inteligência Emocional totalmente gratuito:

www.institutoadvento.com.br/emocional

COACHING
aplicado à área de
VENDAS

André Zem

O despertar de um vendedor Coach

André Zem

Formado pela Sociedade Brasileira de Coaching e pela Academia do Palestrante, ambas em São Paulo. Atua como Coach de equipes de vendas e de executivos, consultor empresarial e palestrante.

Formou-se em Marketing e MBA em Gestão Empresarial. Atuou como professor do MBA em Gestão Estratégica de Vendas na Unimep (Universidade Metodista de Piracicaba), onde também ministra palestras para cursos de pós-graduação. Com 22 anos de experiência no varejo, participou da abertura de mais de 30 lojas no Estado de São Paulo, nas quais foi responsável desde a locação do ponto comercial, seleção, admissão e treinamento das equipes até campanhas de marketing. Já treinou milhares de profissionais ao longo de sua carreira e emprega as mais novas técnicas de treinamento e administração, potencializando a força de vendas e tornando o ambiente de trabalho agradável, levando sempre excelência no atendimento aos clientes.

Atualmente, é empresário no ramo de móveis planejados em Piracicaba (SP).

Coautor dos livros "Empreendedorismo", "Bíblia do Coaching", "Práticas de Liderança" e "Como Vender Mai$" (Editora Leader, 2015).

andre@andrezem.com.br
www.andrezem.com.br

"TRIMMMM!!! Hora de acordar! Que música você escolhe para sair da cama? Uma música de ação ou do coração? Eu sugiro um tema de ação para começar a jornada diária em alto-astral, na alegria.

E, por falar em alegria, ser feliz é o que proponho no início de minhas palestras.

Pense como os gênios:

Um dia sem rir é um dia perdido.
(Charles Chaplin)

✦ ✦ ✦ ✦

**O sorriso enriquece os recebedores
sem empobrecer os doadores.**
(Mário Quintana)

Sempre convido todos a gritarem dez vezes, bem alto, com toda força dos pulmões: Alegria!!! Em seguida, faço todos gritarem, com muita garra, mais dez vezes: Yeeeeeees!!!

Seguindo este ritual, o dia do vendedor Coach será um sucesso. Sucesso? Claro que sim... Acordar de maneira positiva já é um grande começo! E agora que já abriu os olhos, o que você espera desse dia? Como está se sentindo após o exercício? Este é o momento da ação. Existem questões para estimular a ação que fazem você sair da zona de conforto.

O que você está fazendo agora para construir o futuro que deseja? O que você não está fazendo e, se fizesse, ajudaria a atingir mais rapidamente os objetivos?

A ação deve estar sempre acompanhada de motivação e objetivo. É sempre bom lembrar a fábula dos sapinhos:

Existia um lago, uma folha e três sapinhos. Um decidiu pular. Quantos sapinhos ficaram? Dois? Não! Ficaram os três. Não basta decidir, é preciso pular de fato...

Entenda: o processo de Coaching não se basta na teoria, é necessário praticar. Decisão sem ação é delírio. Não adianta resolver mudar sua vida profissional se não arregaçar as mangas e decidir, de fato, fazer as mudanças.

Você precisa identificar as próprias motivações. Mais que isso, precisa entendê-las, acreditar nelas, saber por que lhe movem para frente. É como a história da raposa e do coelho:

O mestre zen caminhava pela estrada com seu discípulo, quando viram a raposa perseguindo um coelho. O mestre disse:

– Segundo uma antiga lenda, o coelho sempre escapa da raposa.

O discípulo discordou e, categórico, afirmou:

– A raposa é mais rápida!

– Isso não seria suficiente, pois o coelho sempre daria um jeito de enganá-la – garantiu o mestre.

– Como assim? – quis saber o discípulo.

– Ora, a raposa corre por uma refeição. O coelho corre por sua vida!

O processo de Coaching é assim: envolve, antes de tudo, uma profunda reflexão sobre seus pontos fortes e fracos, limites e metas que pretende alcançar. E não adianta se enganar, você sabe disso melhor que ninguém. Você não engana o espelho!

Determine em que área é bom ou ruim, reforce suas qualidades, amenize os defeitos e tenha resistência. Faça como o animal da parábola O Cachorro e o Prego:

Contam que um viajante parou seu carro em um posto de gasolina à beira da estrada. Enquanto o frentista abastecia, ele reparou num cachorro que estava deitado em cima de um prego, uivando de dor.

– Mas por que ele não se levanta? – quis saber.

A resposta do frentista foi imediata:

– Porque o prego ainda não lhe machucou o suficiente.

Não é assim na vida? Às vezes, tomamos decisões somente quando o calo aperta, ou quando o prego começa a machucar. Decisões definem destinos, já disse Thomas S. Monson. Você precisa decidir, mas precisa também agir para não ficar eternamente como sapinho em cima de uma folha no lago. Não espere agir quando uma raposa estiver correndo atrás de você ou quando o prego já estiver lhe machucando. Decisão sem ação não leva a lugar algum. Ação sem decisão é como o cachorro que corre atrás do próprio rabo.

Para quem não sabe aonde vai, qualquer caminho serve.
(Lewis Carrol, em Alice no País das Maravilhas)

Além de juntar ação com decisão, você precisa mudar seu estado emocional. Como acha que deve estar para atingir os objetivos? Como se sente apenas por imaginar que conseguiu concretizar seu projeto? Pense no futuro, num momento em que já esteja plenamente realizado(a) em seus sonhos. Como acha que estará se sentindo? Congele esse momento e se alimente desta emoção!

O Coaching não é um processo apenas racional. Longe disso: mexe com nossas emoções. Aliás, o(a) verdadeiro(a) vendedor Coach consegue provocar emoção em seu cliente, fazendo com que se sinta acolhido. Como eu sempre digo: "Faça o cliente amar o que você vende. A paixão que você demonstra é o que importa. Cliente apaixonado é fiel".

O cliente não gosta apenas de comprar com um vendedor, mas, sim, com um amigo que orienta e aconselha. Dentre as várias histórias que acumulei ao longo da carreira, vou destacar uma que ilustra perfeitamente esta característica dos clientes.

Aconteceu em São Paulo, na agência bancária onde era correntista. Meramente entediado, aguardava minha vez em frente da porta da sala do gerente, quando presenciei uma cena. Ele tinha a sua frente uma senhora. Fiquei observando. O gerente pegou o teclado e disse:

– Senhora, por favor, vamos efetivar a operação!

A senhora pegou o teclado, colocou bem perto da boca e disse:

– 2, 4, 6, 8, 13.

Ele ficou desconcertado, não esperava a reação…

Pensou rápido e disse com toda calma:

– Senhora, por favor… Nossos microfones não estão funcionando. Estamos passando por uma reformulação no setor de informática. Vamos fazer a operação com os dedos. Pode ser?

Ela entendeu, digitou a senha e fez como ele pediu.

O gerente anunciou que tudo estava efetivado com sucesso e ainda a acompanhou até a porta com um sorriso, seu "muito obrigado" e a garantia de que o banco estaria sempre à disposição. Só deixou um conselho:

— Não se esqueça de sempre digitar a senha com os dedos!

Confesso que me tornei fã do gerente. Ele usou uma mistura de sabedoria e empatia para entender sua cliente. Isso não é um atendimento, é um espetáculo!

Vou contar um segredo. É algo ao mesmo tempo simples e importante. Eu sempre procuro já acordar animado, para começar o dia em alto-astral. E, quando chego a minha empresa, mentalizo: "Não se perde uma venda em hipótese nenhuma". É como um mantra, aquele pensamento que se repete e contagia a mente. O resultado, garanto, é mágico. Acredite que faz efeito! Na palestra "Motivando para Vender Mais", explico em detalhes como isso funciona e conto três histórias com final feliz. Acompanhe:

✦ ✦ ✦ ✦

A história do sofá azul é emblemática. Era gerente de uma loja de móveis e fui chamado para fechar a venda. O preço era R$ 680, mas o casal pechinchou para R$ 530. Não recusei, mas disse que eles poderiam ter um desconto normal de 10%. Na mesma hora, estacionou na porta da loja uma perua Kombi, usada em entregas. O pior é que o cliente percebeu e disse:

— Olhe, é o mesmo sofá em cima da Kombi!

Não perdi a chance de responder como faria um bom vendedor:

— Pois é, este sofá tem muita saída, pois é de ótima qualidade e seu custo-benefício vale muito a pena.

Porém, como sou descolado, comecei a ficar com a pulga atrás da orelha. Não era dia de entrega na cidade e achei estranho que fosse o mesmo sofá azul. Fiquei com um olho no peixe (a venda) e outro no gato (o sofá). A preocupação aumentou quando uma senhora desceu da perua. Em suas mãos, observei a temida nota rosa. Estava acompanhada de dois "brutamontes". No ato, entendi e constatei: nota rosa é minha, vai me cair a venda! Então, tive a grande sacada: fechei a venda pela pechincha de R$ 530 (o casal ficou felicíssimo), depois disparei por um corredor e turbinei o volume do som. Fui ao encontro da reclamante. Ela havia acabado de jogar o sofá na porta da loja e se queixava a quem pudesse escutar. Comecei a gritar:

— A senhora ganhou o prêmio da rádio, parabéns!

E fui repetindo. Com o som alto, ninguém ouvia o que ela falava. Fui pelo outro corredor a fim de evitar que o casal cruzasse com a cliente insatisfeita.

Ela ficou sem saber o que estava acontecendo, mas a encaminhei até o atendimento ao consumidor. Fechei a porta e ainda disse:

— Calma, senhora, não "queime" minha única venda, eu vou resolver tudo!

No fim, ficou tudo bem e não perdi a venda do sofá. Não me esqueço do quanto corri para salvar aquela venda. O movimento estava fraco e eu tinha uma meta a bater. Minha estratégia, com toda aquela correria, foi a seguinte:

Não posso permitir que os clientes vejam, no momento da compra, uma pessoa insatisfeita entrando para devolver o mesmo produto por eles desejado.

Primeiro, eu fecharia a venda; depois, resolveria o problema da senhora. E foi o que fiz, mas com a rapidez que a situação exigia.

Após narrar esta história, é justo que eu compartilhe com os leitores o motivo que levou a senhora a devolver: o sofá azul lhe foi entregue com um rasgo de 3 cm no braço esquerdo, devido a problemas no transporte. A cliente havia feito uma ligação solicitando troca imediata, mas o SAC (Serviço de Atendimento ao Consumidor) não conseguira atender. Para complicar, era sexta-feira e o depósito ficava em outra cidade. Mas o que realmente importa: tudo se resolveu. De que maneira? Emprestamos o sofá do mostruário no mesmo dia, até que um novo chegasse à casa da cliente, o que aconteceu na semana seguinte.

✦ ✦ ✦ ✦

A verdade é que eu coloco em prática aquilo que digo. Sempre foi assim. Quando afirmo que não se perde uma venda em hipótese nenhuma, sei muito bem o que estou falando. Eu não deixo de vender nem se me cair um dente. E foi exatamente assim. Vou explicar:

Ainda criança, andando de carrinho de rolimã, quebrei o dente da frente. Sobrou apenas metade e foi feita uma capa de resina. Fiquei assim por muitos anos. Perto de meu casamento, em 2008, decidi aumentar a qualidade estética e trocar por porcelana. Antes, foi feito um provisório, até que o definitivo ficasse pronto. Acontece que, numa viagem de Piracicaba a Jundiaí, no meio do caminho, meu dente caiu. Fiquei desesperado porque tinha um cliente esperando. Tentei ligar para meu dentista e não consegui. Cheguei à loja segurando o dente com a mão e o cliente veio me cumprimentar, todo animado.

Eu estava morto de vergonha dele, mas como não era nosso primeiro contato, consegui dizer:

— Aconteceu um imprevisto, meu dente caiu.

Ele olhou com atenção e discordou, apontando:

— Mas o dente está aí!

Eu respondi, com a voz esquisita:

— Estou segurando o dente que está solto!

Quando tirei o dedo e o dente caiu, ele teve um ataque de riso. Quase rolou no chão, enquanto eu mal disfarçava o constrangimento. Mas resolveu: ele fez o negócio que eu esperava e muito mais rápido.

O humor do vendedor Coach contagia o ambiente e o cliente aceita suas condições. Você se mostra transparente e as pessoas gostam disso. Ganha um aliado e até um amigo. Por isso, reforço:

"É mais fácil eu perder um dente do que uma venda".

✦ ✦ ✦ ✦

É como a história do parquímetro. Lembro-me de uma tarde em que fui estacionar o carro no centro de Piracicaba. Naquela ocasião, havia uma tabela fixa:

> *½ hora: R$ 1,00*
> *1 hora: R$ 1,50*
> *1½ hora: R$ 1,75*
> *2 horas: R$ 2,00*

Peguei meu moedeiro e fui colocando tudo que tinha. Quando as moedas terminaram, vi que havia colocado na máquina apenas R$ 1,40. Comecei a procurar, desesperado, mais R$ 0,10, mas não consegui com o motorista que estava na vaga ao lado e tampouco com as moças que trabalhavam na loja da frente e davam risada do meu nervosismo. Até que tive de tomar uma decisão. Apertei o botão e vi que as moedas caíram. Pensei: "A máquina vai devolver o dinheiro, por causa do valor insuficiente". Nada disso. Ela registrou a venda e me deu 54 minutos. Eu não sabia que era possível comprar um período fracionado. Nunca imaginei. Mas logo pensei:

"Se uma máquina não perdeu a venda, por que eu haveria de perder?"

Imagine os vendedores dotados da capacidade de utilizar esta mente fantástica para driblar qualquer adversidade na hora da venda. Belo aprendizado, não?

✦ ✦ ✦ ✦

Esta sabedoria e entusiasmo podem e devem ser transmitidos para o cliente. Ele precisa saber que está tratando com uma pessoa que não quer apenas o dinheiro da venda, mas se importa verdadeiramente e não o vê como cifrão.

Foi o que aprendi na loja de móveis em Jundiaí, com um cliente. Ele se chamava Pedro e estava num momento especial da vida: havia, enfim, comprado seu apartamento e estava decorando o imóvel com todo cuidado. Tudo isso merece ser feito com muito esmero, até com muito carinho, eu diria, pela importância. Afinal, ele está decorando a própria casa e isso não acontece todo dia.

Em conversa com Sueli, esposa de Pedro, descobri que a data tinha outro significado: era também aniversário dele. Pensei: isso não pode passar em branco! Preparei toda a festa com bolo, docinhos, bexigas, chapeuzinhos para o casal e para os funcionários da loja. Assim que Pedro chegou, lancei a isca:

— Rapaz, consegui achar aquela poltrona que você queria! Está lá nos fundos!

Pedro me acompanhou e então o coro começou:

— Parabéns pra você, nesta data querida, muitas felicidades, muitos anos de vida!

Ele ficou até com lágrimas nos olhos, deu gosto de ver. Foi uma atitude simples, mas o resultado valeu a pena. Em quem você acha que ele vai pensar quando tiver de comprar outro móvel?

O nome disso é tocar o coração do cliente, porque cliente satisfeito vira um excelente vendedor.

A propósito, Philip Kotler diz que já não basta simplesmente ter clientes, é preciso encantá-los. O cliente tem toda informação à disposição, sabe muito sobre seu negócio, mas um atendimento especial será sempre memorável.

E por que o cliente é difícil? Porque tem poder de escolha, porque é informado. Então, faz exigências…

Vendedores também precisam ser "duros na queda".

É necessário preparar-se para dar a volta por cima, ser aquele(a) que ri por último e que, garanto, ri melhor. Sei bem disso!

No começo da vida profissional era o vendedor mais jovem, caçula da loja de calçados. Sempre fui dinâmico, chamava a atenção dos clientes, mas naquele dia tudo estava parado demais e, para piorar, só aparecia gente para fazer trocas, enquanto eu me lembrava das contas que tinha a pagar.

Era aquele dia em que nada parece dar certo. Um vendedor mais experiente começou a me provocar:

– E aí, garoto, não vendeu nada hoje, hein... Tá parado, né?

Aquilo me irritou no começo... Logo, achei que devia fazer alguma coisa. Falei para o gerente:

– Vou lavar o pé na praça!

Ninguém entendeu nada, mas foi isso mesmo que fiz. Cheguei à praça central de Piracicaba, chamada José Bonifácio, fui até o chafariz, tirei o sapato, a meia e mergulhei o pé na água. Ao mesmo tempo, ficava olhando para a catedral e fazendo minhas orações, cultivando pensamentos positivos. E era uma sensação gostosa, que refrescava não apenas o pé, mas a cabeça.

Voltei animadíssimo, batendo forte na mão dos colegas e avisando que tinha lavado o pé na praça. Interrompi a corrente daquela energia negativa. E aquilo virou uma marca ritualística. Quando as coisas estavam no marasmo, saía para lavar o pé na praça...

Hoje, em minhas palestras, relembro sempre este fato. Serve como uma luva para muita gente. Encontrei uma forma de interromper o baixo-astral e a má sorte lavando o pé na praça.

Encontre a sua; se prefere contemplar o formato das nuvens ou os passarinhos, vá! Não leve companhia, cultive a introspecção. Olhe e encontre dentro de si a energia que merece para virar o jogo.

Evite pensar naquele dia em que as coisas não estão dando certo como **apenas um dia**. Será uma quebra na sua meta e fará falta. Arrume um jeito de fazer com que seu dia seja positivo!

Desperte para a vida e conheça suas emoções. Somente assim você conseguirá falar não apenas à mente do cliente, mas ao seu coração!

COACHING
aplicado à área de **VENDAS**

Bethânia Brum

Poderosas ferramentas

Bethânia Brum

Máster Coach, contabilista, graduada em Recursos Humanos pela Universidade Estácio de Sá, MBA em Administração Estratégica na mesma universidade, Escola de Heróis Coaching, Técnicas de Coaching, Business Coaching pela DH Desenvolvimento Humano, Constelação Familiar pela Cellma Vilage, Filosofia para uma vida de sucesso, com Pedro Vieira.

lidercoachbethania@gmail.com
www.bethaniabrum.com

Atualmente, para se tornar um profissional de vendas de qualidade, destacando-se, com um diferencial em sua área, é necessário buscar um algo a mais. E, para fazer a diferença num mercado tão competitivo, técnicas de Coaching são essenciais para alcançar os objetivos.

O Coaching oferece ferramentas altamente capazes de fazer com que o coachee (cliente) alcance suas metas e conquiste seu objetivo.

Já foi o tempo em que, para se tornar um vendedor, não era preciso formação acadêmica ou técnica para exercer tal atividade.

Vendas há alguns anos não era considerado uma profissão, tornava-se vendedor aquele que não tinha concluído uma faculdade e não havia dado certo em outras áreas. Aí, sim... tornava-se vendedor.

Mas o cenário mudou... Atualmente, necessita-se de conhecimento específico, habilidade, feeling para ser um profissional de vendas, além de uma escuta ativa; raciocínio lógico; aplicar técnicas como a das perguntas poderosas, resiliência e muito estudo para se destacar e se tornar um vencedor em sua atuação.

É preciso estar atento ao fato de que o perfil do consumidor mudou. Os clientes pesquisam mais, são cada vez menos fiéis ao vendedor e à marca. E hoje, obrigatoriamente, o profissional de vendas também necessita mudar. Com o avanço da informatização, o cliente já chega ao estabelecimento entendendo tudo que o produto oferece, todas as características, os prós e contras do produto, os valores pagos no mercado, o que os concorrentes oferecem e onde encontrar. O cliente já sabe o que ele quer, o que ele precisa é ouvir o essencial, o resultado que a compra daquele produto irá lhe oferecer.

Diante dessa situação, o profissional de vendas que não possui conhecimento sobre as ferramentas de Coaching terá maior dificuldade em atuar e entender a real necessidade do cliente.

O profissional que não se atualiza, não estuda o negócio, o mercado, suas alterações, oscilações e perfis de cliente terá muita dificuldade em concluir a venda. Aquele profissional de vendas que apenas conhece o produto que vende e não possui habilidades para lidar com o ser humano, por exemplo, não conseguirá realizar vendas com excelência nos dias atuais.

Entender o cliente, trazê-lo até você fará com que você entenda qual a real necessidade dele. Lembrando que diversas pesquisas comprovam que, após um bom atendimento recebido, o cliente recomenda para cinco outras pessoas o produto e o vendedor e diante de um mau atendimento o cliente negativa a organização e o vendedor para no mínimo dez pessoas. Isto é, a divulgação negativa chega ao dobro ou mais. Esse é o reflexo de um mau atendimento.

Mas somente o profissional de vendas necessita utilizar técnicas de Coaching? Claro que não. Todos nós precisamos! No dia a dia, nas gestões, nos relacionamentos profissionais e pessoais todos nós precisamos porque SOMOS TODOS VENDEDORES.

Todos nós lidamos diariamente com o ser humano. E lidar com o ser humano requer habilidade, técnicas, conhecimento, paciência e muito amor. E, quem pensa que só vendedores necessitam disso tudo, se engana. E quem acredita que não somos vendedores se engana mais ainda.

Vendemos a todo instante.

Quando estamos em busca de emprego e apresentamos nosso currículo, estamos vendendo nosso profissionalismo. Quando cativamos uma pessoa estamos vendendo a nossa imagem, a segurança que aquela pessoa pode ter em relação a nossa pessoa. Quando buscamos crédito em algum estabelecimento, vendemos também nossa credibilidade... e por aí vai. Estamos vendendo, sim, a todo instante. Vendendo nossa imagem, nosso conhecimento e até produtos.

O que é necessário entender é que vendas vai muito mais além do que você falar e convencer alguém a adquirir algo. Vendas é conexão, e criar necessidade, afinidade, relacionamento, confiança, agregar valor.

Como já dito aqui, para o sucesso em vendas muitos profissionais têm se destacado utilizando técnicas poderosas de Coaching. Sejam eles mesmos buscando esse conhecimento, por iniciativa própria, ou a organização investindo em profissionais de Coaching para auxiliar os vendedores a alavancar as vendas, identificando as oportunidades e ameaças, com foco no crescimento de vendas e aplicação do mercado, desenvolvendo estratégias para o crescimento e performance da equipe da área.

Mas quais as ferramentas mais eficazes para um processo de vendas?

Aqui vão algumas dicas importantes sobre as ferramentas de Coaching utilizadas em vendas.

RAPPORT

Quando dou início a um treinamento utilizando técnicas de Coaching, o primeiro passo que busco entender é: onde os clientes estão e aonde desejam chegar, quais são os objetivos a alcançar, e apresento a primeira ferramenta a ser utilizada num atendimento de vendas poderosíssima. Apresento o rapport. É uma das técnicas de Coaching que se torna o primeiro grande passo para sucesso nas vendas.

O rapport é um processo de conexão e empatia total com o cliente, no processo de vendas significa criar uma relação de confiança e harmonia na qual o cliente fica mais aberto a trocar informações e aceitar sugestões do profissional de vendas. É uma forma de se conectar com o cliente, é o olhar nos olhos e ouvir... ouvir e ouvir. Entender exatamente a necessidade da pessoa que está a sua frente. Quando se entende a necessidade, se consegue ir muito mais além.

Aquele profissional de vendas que sabe utilizar estas técnicas cria relacionamentos saudáveis e duradouros que se tornam barreiras para a entrada de concorrentes.

Como todos nós sabemos, o perfil do consumidor mudou, e hoje quando um cliente comparece a um estabelecimento ele já se informou sobre o produto, já conhece seus concorrentes e preços, o diferencial das outras marcas, qualidades e benefícios. Tudo isso o cliente já fez, seja pela internet ou pessoalmente. É preciso entender que o processo de venda também mudou.

E quando eu digo que o rapport é hoje uma valiosa ferramenta de Coaching, é porque permite que o profissional de vendas se conecte com o cliente e o ouça.

E aquele profissional que possui treinamento utilizando técnicas de Coaching apresenta um diferencial do profissional de vendas. Consegue identificar exatamente o tempo de maturidade do negócio perante o cliente, enquanto aquele que não recebe essas técnicas desconhece o tempo de maturidade do negócio, busca fechar a venda mais rápido e atropela o processo.

LEVANTAMENTO DAS NECESSIDADES

Entender as necessidades do cliente, saber exatamente o que o cliente busca faz a diferença. Porém, um profissional que não recebe as instruções de Coaching não consegue criar laços, vende "qualquer" produto, empurra o produto ao cliente e não o que o cliente necessita. Quando isso ocorre, realmente no momento é bom para o estabelecimento, para o vendedor, mas esquecem-se do futuro. Esquecem-se de criar laços. Nesse caso, quando o cliente adquire o produto, acaba ficando insatisfeito com o estabelecimento, com o vendedor e o produto. Provavelmente, esse cliente não volta. E não vai indicar o estabelecimento, porque o produto adquirido não atendeu as suas necessidades. Tudo porque o vendedor "empurrou" o produto para o cliente mas não o satisfez plenamente. Enfim, não criou laços.

Outra característica do profissional que recebe treinamento utilizando técnicas de Coaching: consegue permanecer no jogo, os que não possuem esse preparo são muito imediatistas e desistem facilmente.

O profissional de vendas que não possui conhecimento sobre as técnicas de Coaching não consegue controlar a ansiedade, a insegurança, o medo e muitas vezes até a agressividade. Em vendas, ser agressivo é um diferencial. Mas até certo ponto. Ter autocontrole de seus sentimentos é fundamental para o seu sucesso.

Esses são os casos dos que são "colocados" como vendedores e não são "transformados" em vendedores. Transformar-se em vendedor é uma arte. Ensinar a conhecer o ser humano, os seus clientes, e a entender um olhar é essencial para o vendedor. Mas aqueles que são "postos" como vendedores e não recebem instruções adequadas não conseguem êxito no fato de criar laços, entender o ser humano e atender as necessidades. Formar um vendedor é criar um profissional que crie vínculos, que tenha estratégias e que seja temporariamente treinado.

As organizações que se preocupam em formar vendedores estão se destacando no mercado. Elas fazem o diferencial e mantêm seus clientes ativos.

E aquele vendedor que é treinado e capacitado apresenta uma melhora significativa, elevando assim os seus resultados, os da organização e reduzindo o índice de reclamações, pois conclui vendas com qualidade.

Eles conseguem, além de se conectar com o cliente, obter posições perceptivas, e identificar os sistemas representacionais do cliente, fechando assim uma venda com a mais Alta Qualidade.

COLOCAR-SE NO LUGAR DO CLIENTE

A 1ª posição, ou posição de vendedor, é a sua atual posição. Neste momento o profissional apenas enxerga a sua realidade e a sua necessidade e não a realidade do cliente e a realidade dele. Se a sua posição se fortalecer muito, o profissional de venda só pensará em si, no seu produto, na sua empresa. Se tiver essa primeira posição fraca, aceitará facilmente as objeções do cliente.

A 2ª posição é a posição do cliente. Quanto mais empatia e mais rapport ele tiver, melhor será a sua capacidade de sentir esta posição. Nesta posição ele não poderá pensar como a pessoa pensa, mas deve tentar identificar suas ideias, opiniões e valores etc. Se o vendedor tiver uma 2ª posição forte será capaz de identificar claramente as necessidades do comprador e endereçar propostas mais eficazes. Uma 2ª posição fraca significa que ele não entende claramente as necessidades dos clientes.

A 3ª posição é uma visão distanciada das duas posições onde você enxerga o que está relacionado entre os dois pontos de vista. Nesta posição o vendedor terá condições de ver claramente quais os efeitos dos resultados da sua negociação e como isso pode impactar no processo.

A 4ª posição é perceptiva. É uma posição em que está associado com todo um sistema. É o ponto de vista, por exemplo, sobre qual o impacto do negócio no mercado. É fundamental em grandes vendas. A 4ª posição tem um aspecto de gestão muito forte, pois é essencial para os líderes e para a formação de equipes.

SISTEMAS REPRESENTACIONAIS

Entender os sistemas representacionais também é fundamental para uma leitura do cérebro do cliente.

✦ ✦ ✦ ✦

"Quando você está aprendendo as estratégias das pessoas para entender como elas tomam uma decisão, você também precisa saber qual o sistema representacional principal delas porque só assim você poderá apresentar sua mensagem de modo que ela atinja o seu objetivo."
Anthony Robbins

✦ ✦ ✦ ✦

As técnicas de sistemas representacionais são como as informações chegam ao nosso cérebro. Elas são captadas pelo sistema visual (olhos), auditivo (ouvidos) e pelo sistema sinestésico (olfato, paladar, tato e sensações) e pelo sistema digital ou auditivo digital (que é a maneira de pensar usando palavras e falar consigo mesmo).

Normalmente, todos nós privilegiamos esse sistema e o utilizamos como principal. Se soubermos qual sistema está representado no nosso cliente, será muito mais fácil manter o rapport e utilizar de forma mais adequada os argumentos da venda. Como podemos ver com alguns exemplos:

PERCEPÇÃO/NECESSIDADE

Ter uma percepção do seu cliente é um dos grandes diferenciais do profissional de vendas que utiliza as técnicas de Coaching, porque as pessoas se expressam por meio dos sistemas representacionais. Por exemplo:

Um cliente visual se expressa melhor através de imagens. As pessoas visuais geralmente utilizam expressões que traduzem sua forma de pensar. Quando elas dizem "O dia está brilhante" é uma forma de expressar que está visualizando seu dia com muito brilho.

Em geral, essas pessoas incluem inconscientemente em sua forma de se expressar frases como: "o dia está azul", ou "a situação está preta", "é preto no branco", e que descrevem seus pensamentos. Quando se atende um cliente que você percebe que é visual, terá grande chance de sucesso na venda ao descrever para ele da seguinte forma: "Imagine você e a sua família passeando no seu veículo vermelho. Todos felizes e contentes. Fazendo um passeio de domingo".

Você conseguiu fazer com que ele imaginasse, visualizasse e sentisse a alegria de utilizar o produto. Pronto!!! Venda concretizada.

Um cliente auditivo: são pessoas que percebem o mundo através de metáforas auditivas, querem ouvir para crer. Para essas pessoas, ouvir distintivamente uma argumentação é muito mais importante do que ver a imagem da mesma.

No caso de uma venda, esse tipo de cliente vai preferir saber quais benefícios o produto irá oferecer.

"Imagine você e sua família felizes, passeando num domingo em seu ve-

ículo vermelho de quatro portas, todos bem confortáveis, e curtindo naquele parque que vocês gostam, o veículo tem tração nas 4 rodas, a mala é grande e cabe muita bagagem. Suas filhas poderão levar tudo o que desejam..."

Nesse exemplo, o cliente auditivo conseguiu entender todos os benefícios que a aquisição do veículo trará para ele e para a família.

E existem os clientes sinestésicos: são aqueles que percebem o mundo mais através do tato. Necessitam tocar para sentir. Pessoas sinestésicas utilizam expressões e palavras em sua comunicação que refletem essa forma de ver o mundo. Normalmente, dizem: "Eu estou sentindo um peso em minhas costas", "a barra está pesada". E por aí vai.

Para obter sucesso na venda com os clientes sinestésicos, o vendedor deve deixá-lo tocar o produto, experimentar. No caso da venda de um veículo, comunicar-se com o cliente convidando-o para dar uma volta no automóvel, sentir sua potência, estabilidade e conforto. É uma atitude-chave para essa venda.

São tendências que fazem a diferença na negociação. É importante, então, conhecer o sistema representacional do seu cliente. Fundamental.

Os digitais ou auditivos digitais são pessoas que perguntam muito. Necessitam de muitas informações e fatos. Mexem-se e conversam ao mesmo tempo. São muito organizados, mas precisam de informações detalhadas e instruções. Os digitais ou auditivos digitais vão questionar tudo. Olhar cada detalhe. Nesse caso, o profissional de vendas deve esclarecer todos os detalhes para o cliente.

Falar a mesma linguagem que o cliente faz toda a diferença.

O profissional que possui conhecimento, habilidades e treinamento utilizando técnicas de Coaching, sem sombra de dúvidas, conclui uma venda com melhor qualidade.

Com os treinamentos são aplicadas técnicas de backtraking, em que utilizamos a arte de usar as próprias palavras do cliente, técnicas em que aquele profissional que é bom ouvinte se destaca. O backtraking reforça os pontos-chaves do cliente, usando os principais conceitos elaborados por ele mesmo. Isso significa que ter uma escuta ativa para repetir as palavras importantes ajuda o profissional de vendas em sua negociação.

Estipular tarefas é uma forma que nós, Coaches, utilizamos para estabelecer com o nosso cliente uma tarefa, direção ou o objetivo do processo. Da mesma forma, estabelecer o próximo passo - data para visitação, assinar documentos - é uma forma de deixar sempre o próximo compromisso já agendado, ou seja, uma forma de ação em que o cliente se compromete de forma bem específica com os prazos estipulados. Na maioria das vezes, os clientes cumprem.

E como todos sabem, o Coaching é a arte de utilizar perguntas que levam à reflexão, ao pensamento e à motivação. Essa técnica do Coaching é essencial para treinamentos de vendas e para o desempenho do profissional da área.

PERGUNTAS PODEROSAS

Algumas dicas de perguntas para treinamentos em vendas:

Perguntas orientadas para fechamento de negociação:

• Quando você fechar este negócio, já percebeu todos esses benefícios que você ou sua empresa terá? (Observe que o profissional de vendas já afirma, e já conclui a venda.)

• Quando você fechar, já imaginou você e sua família usufruindo desse produto?

Perguntas que levem à negociação:

• O próximo passo agora é você assinar o contrato, certo?

Perguntas que focam no resultado:

• Essa aquisição trará grandes benefícios para você/sua família, certo?

Perguntas com pressuposição proveitosa:

• De todos os recursos que você disponibiliza, qual a seu ver seria mais efetivo para melhorar essa situação?

Relacionar a negociação com os valores do cliente:

• Essa aquisição deixará você mais alinhado com seus objetivos e valores?

• Estamos efetivamente trabalhando dentro da sua missão e valores?

Essas e tantas outras técnicas são utilizadas nos treinamentos de vendas, transformam o vendedor não só quanto ao conhecimento do produto, mas no conhecimento do cliente, de suas necessidades e valores.

Aquele vendedor insistente, que se importava em ter muitos clientes, que acha que vendedor precisa ser extrovertido, que ser vendedor é um dom, mas não entende de conexão com o cliente, esse profissional está ultrapassado.

Não é à toa que uma frase que amo muito e tem tudo a ver com o Coaching, sua prática e teorias é a seguinte:

✦ ✦ ✦ ✦

"Conheça todas as teorias, domine todas as técnicas, mas ao tocar uma alma humana seja apenas outra alma humana."
Carl Jung

✦ ✦ ✦ ✦

É isso... O Coaching é isso. Coaching aplicado a vendas é entender a alma do seu cliente, e sua necessidade. Colocar-se no lugar do mesmo. Quando toma o lugar o cliente, você se torna cliente, e não vendedor. E, depois de adquirir o produto, você consegue convencê-lo do quanto aquele produto fará bem para ele.

4

COACHING
aplicado à área de
VENDAS

Geisa Kaline de Carvalho Araújo

Negociando com valores

Geisa Kaline de Carvalho Araújo

Coach, Palestrante e Trainer. Graduada em Administração de empresas, com MBA em Gestão de Pessoas. Certificada pelo Empretec – Sebrae. Possui certificação Internacional em Personal e Professional Coaching e Líder Coach e Gestão para Resultados e Programa de Times de Alta Performance pela Sociedade Brasileira de Coaching. Sócia-fundadora da empresa RHelp Treinamentos. Criadora e organizadora do PDC Universitário (Programa de Desenvolvimento de Carreira para Universitários).

(79) 99900-0095
www.rhelptreinamentos.com.br
Blog: negociandocomvalores.com.br

QUANTO VALE DESPERTAR NO OUTRO O DESEJO DE SER E TER O MELHOR?

Na teoria, a venda é constituída por um processo de oferta e procura de produtos e serviços, cuja representatividade vem dando lugar a um processo mais humanizado. Hoje, o foco da venda reside nas necessidades e anseios do consumidor, o qual se tornou parte integrante da empresa, visto que sua fidelização caracteriza a perpetuação do negócio.

Suprir necessidades e suscitar desejos tornaram-se o alicerce básico na negociação, uma forma de encantar e surpreender, onde o vendedor precisa ser mais que apenas detentor de informações técnicas, ele precisa buscar respostas para questionamentos que o guiem à excelência do seu desempenho: a) Quais metas estão definidas para a vida pessoal e profissional?; b) qual o propósito de ser vendedor?; c) é mais valoroso vender um produto/serviço ou eternizar o seu poder de negociação?; d) em que se baseiam as atitudes durante o desenrolar da transação de venda? Sem um devido esclarecimento, muitos atuam por atuar ou pela necessidade de um salário que possa cobrir suas despesas básicas.

A identificação de objetivos é um fator crucial, pois age como impulsionador, embora esta pontuação seja igualmente importante para o vendedor e para a empresa representada. A missão e os valores devem estar visíveis aos olhos, vívidas na mente e concretizadas em todos os processos. É indispensável que cada componente da organização seja espelho de seu propósito e que em suas atitudes transpareçam os valores que a norteiam e caracterizam. Será este um grande diferencial competitivo? Diante da complexidade de produtos/serviços disponíveis no mercado, representar positivamente sua marca e fixá-la de forma natural na mente do cliente é um ato significativo.

Esta problemática exige uma avaliação ampla e detalhada, centrada na perspectiva do consumidor, e um estudo acerca da fundamentação de vendedores e empresas no desenrolar das suas atividades. Deve-se considerar o nível de conhecimento sobre os pontos fortes que podem ainda ser aprimorados, evidenciar e trabalhar os pontos de melhoria, enunciar as fraquezas e oportunidades e agir diante das averiguações.

QUANTO VALE DESPERTAR NO OUTRO O DESEJO DE SER E TER O MELHOR?

Na área de vendas, trabalhar a mente e despertar emoções pode valer mais que uma meta batida e uma boa comissão, pode significar ser um agente transformador e um personagem coadjuvante na história de vida de seus clientes. Proporcionar algo de novo a si mesmo ou a outras pessoas gera sensações fantásticas de bem-estar, e essa percepção é um ingrediente indispensável no processo de venda. O que aconteceria se um vendedor adentrasse na história de vida do seu cliente e desta forma pudesse apresentar diretamente o que supre suas necessidades, despertando nele uma sensação de plenitude?

Um casal foi até uma loja para efetuar a compra de um aparelho celular, como de costume pararam em frente da vitrine e ficaram a observar os aparelhos e os valores correspondentes. Um vendedor, ao notar suas presenças, aproximou-se cordialmente e fez sua abordagem. Durante a iniciação do processo de venda, o vendedor faz alguns questionamentos simples sobre a busca do aparelho, e atentamente escuta todas as especificações citadas pelo seu cliente. Os clientes são convidados a entrar e sentar no posto de atendimento no qual o vendedor inicia sua apresentação. Com os aparelhos já em mãos, ele brevemente cita suas características técnicas, e pergunta sutilmente aos clientes sobre suas vidas, na tentativa de buscar uma conexão entre o produto e o seu cliente: "Foi dito que gostam de fotografar, fazem muitas viagens?"; "Costumam se falar por voz ou utilizam mensagens?"; "Gostam da cidade?"; "Profissionalmente, atuam em qual segmento?"

A cada questionamento eram observados todos os detalhes, a escuta era ativa e o atendimento o foco central daquele momento, o diálogo fluía, não de forma aleatória, mas centrada. Após as explanações dos clientes, o vendedor prontamente escolheu dois dos seus aparelhos e iniciou sua apresentação. Descreveu a alta resolução de câmera, associando-a ao registro dos lugares fantásticos que conheceriam em suas viagens e o quão significativo seria eternizar esses momentos e poder compartilhar com as futuras gerações. Demonstrou a boa qualidade de áudio, representando a importância de uma agradável e fluida comunicação com as pessoas que fazem parte da história de suas vidas. Apresentou os aplicativos mais utilizados para viabilizar troca de mensagens, podendo compartilhar fotos e vídeos e, assim, se fazer presente de forma ativa e constante, bem como acompanhar os momentos de outras pessoas. Fez indicações sobre locais da cidade que são benquistos e visitados, ressaltando a cobertura de sinal da operadora representada, e as novidades que poderiam encontrar e compartilhar. De forma somatória apresentou as opções de serviços, aplicativos e pacotes para que pudessem manter suas atividades profissionais ao alcance de suas mãos. Por fim, fez uma avaliação envolvendo preços e orçamentos, garantindo que a nova aquisição estivesse dentro da estimativa planejada pelos usuários.

O objetivo, proporcionar aos clientes uma experiência na qual pudessem sentir o produto e os serviços antes de sua aquisição, e dessa forma conhecerem suas vantagens, não com o produto, mas através do produto. A sensação de alegria, liberdade, presença, comprometimento, a emoção gerada ao conhecer e desfrutar do novo, uma soma incitada em minutos, mas com resultados de curto e longo prazos.

Instigar a mente de maneira positiva eleva os níveis de euforia e satisfação, sendo benéfico para ambas as partes envolvidas. Uma vez que a confiança é assegurada, a relação se dá abertamente, dentro dos padrões permissíveis ao sistema de vendas, e, assim, mais informações são compartilhadas. O feedback direto do cliente já constitui as primeiras percepções sobre o trabalho prestado e a sua possível fidelização, tanto ao responsável pela experiência vivenciada quanto à empresa referente. O segundo feedback é dos gestores e colegas, este com uma visão mais analítica e ênfase nos pontos positivos, pontuando o que precisa ser melhorado para elevar ainda mais a performance e eficiência.

O DESENROLAR DA VENDA SEGUE APENAS EXPERIÊNCIAS POSITIVAS?

Os sentimentos expostos no sistema de venda nem sempre são positivos, logo, existem fatores que se bem avaliados e exercitados durante o processo podem garantir o bom desempenho do atendimento, mesmo em situações desfavoráveis. Podemos citar a autoestima, autoconfiança e autocontrole. Experiências negativas de compras anteriores, especialmente relacionadas a frustrações com mercadorias adquiridas ou com serviços de baixa qualidade, podem incitar o cliente a apresentar um comportamento descortês em novas negociações. Nestas situações, pede-se cautela na filtragem das informações. O manifestar do vendedor precisa ser sutil e habilidoso, garantindo o equilíbrio da conversação para um contato promissor efetivo. Tais habilidades podem ser continuamente aprimoradas mediante o desenvolvimento de competências. O vendedor precisa compreender a situação e identificar o ponto central do problema, enquadrando-se numa posição de escuta total, contudo o fator prioritário é a solução, assegurando ao cliente uma experiência nova e condizente com os princípios de um profissional de vendas, bem como da sua empresa.

Quanto vale reverter uma adversidade em uma nova oportunidade de venda? O conduzir assertivo do conflito pode acalentar a insatisfação, possibilitando a implantação de uma nova ideia, uma recompensa pelo desconforto. Em teoria, assunto fácil de assimilar, na prática um desafio gigantesco. Vencer obstáculos faz parte do cronograma de atividades da profissão, mas todos os profissionais estão preparados para isso? Quantos estão dispostos a serem resilientes? Quantos buscam de fato o aprimoramento de suas habilidades?

No mercado existem inúmeros especialistas e o que molda os melhores e piores resultados são as ações externalizadas e a capacidade de adaptação. O aperfeiçoamento constante, bem como a vivência com base nos valores pessoais tornam-se cruciais para a motivação e o autoaprimoramento, e sustentam a confiança no alcance dos objetivos, os quais precisam ser claros, atingíveis e com tempo determinado para alcançar.

QUAIS PERCEPÇÕES O CLIENTE PODE TER DE UM ATENDIMENTO CUJO FOCO CENTRAL NÃO É A VENDA DO PRODUTO/SERVIÇO?

A meta atual é a conquista e fidelização do cliente, e como consequência as aquisições se concretizam, e a rentabilidade acontece. Mas, como agir para alcançar a meta proposta? Não há receita única para persuadir, encantar e tornar fiel um comprador, pois cada um possui suas particularidades e uma razão pela qual efetua suas compras.

Caracterizar um bom vendedor seria atribuir-lhe as principais características encontradas nos profissionais da área, como poder de persuasão, criatividade, empatia e respeito. Uma vez trabalhando a individualidade de cada vendedor, podem surgir habilidades que vão além das corriqueiras, tornando-o único, capaz de atingir resultados além do esperado. Se incluírmos empatia ao processo, logo imaginamos a ideia de tratar o outro como eu gostaria de ser tratado. Ser bem tratado desperta um sentimento, e se identificarmos este sentimento podemos transformá-lo em uma atitude que conduza o outro a atingir o mesmo sentimento. Questões como as seguintes podem ajudar: Qual seu propósito de vida? Que sentimentos são despertados quando consegue algo que necessita/deseja? Qual a sensação de ver no outro a felicidade por uma conquista alcançada? Quais as recompensas pessoais que podem ser almejadas ao concretizar suas metas profissionais?

É preciso experimentar sentimentos de êxito e construção interna para assim incrementar as habilidades, ampliando o poder de despertar no outro o anseio de sentir-se pleno, não pelo consumo, mas pelo sentimento embutido no bem adquirido. O autoconhecimento é fundamental nesta metodologia, e uma vez definindo suas diretrizes de vida poderá viver de acordo com estes preceitos, transmitindo-os através dos seus comportamentos.

Compreender o novo contexto de vendas e sentir-se integrado impulsiona o cliente à pesquisa por aqueles que irão lhe proporcionar a melhor experiência e, certamente, a melhor aquisição.

COMO EQUILIBRAR A PRESSÃO DOS NÚMEROS E A HUMANIZAÇÃO NECESSÁRIA NO PROCESSO DE VENDA?

Administrar o tempo faz parte da dinâmica de vida de qualquer ser humano, e nesta distribuição é essencial que se destine tempo para focar o trabalho, a família e o lazer. O aperfeiçoamento e motivação estão ligados ao campo emocional, e a mente necessita ser estimulada, alimentando-se de conhecimento constante e do estímulo enriquecedor proveniente da felicidade. Há plena felicidade em apenas um campo da vida? Como se relacionar bem com a família quando o tempo é priorizado unicamente para o trabalho? Como se manter motivado para trabalhar com pessoas quando seu emocional está em desequilíbrio?

Corpo e mente precisam estar sintonizados, assim como as expectativas e as realizações. A pressão dos números traz ansiedade, angústia, estresse, mas a conquista das metas traz consigo a sensação de dever cumprido, vitória, empoderamento. Sendo assim, quais sentimentos apresentam maior peso quando se aceita o desafio? Os números são vistos como vilões ou como um caminho que guiará a ascensão? A forma como se encara pode definir as ações que serão realizadas e de que forma isso irá repercutir nos resultados pessoais e profissionais.

Na sistemática de vendas tudo está sendo ofertado, da abordagem à aquisição estão sendo vendidos carisma, proatividade, conhecimento, alegria, sonhos, soluções, possibilidades, dentre outras sensações envoltas e despertadas no processo, finalizando com objetos e/ou serviços que consolidam a negociação. Nessa perspectiva, vale analisar quanto se tem a ganhar desenvolvendo o potencial humano e quanto se tem a perder mantendo-se estagnado e em zona de conforto. Toda construção é guiada pelas escolhas, e a cada escolha é preciso visualizar os resultados obtidos e continuar neste caminho ou escolher e seguir outra direção.

Medir os resultados de cada ação é uma tarefa diária muito útil para definir as atitudes que devem ser preservadas e aperfeiçoadas, assim como estratégias que devem ser substituídas, dando lugar a atitudes inovadoras e propulsoras de resultados excepcionais. O vendedor é o líder de sua negociação, e como tal sua dinâmica deve despertar o desenvolvimento do outro, suscitar o desejo de querer sempre mais, material e emocionalmente. O amor pela profissão deve ser refletido em cada atendimento de venda e pós-venda. Além disso, deve haver uma preparação técnica através de treinamentos, estudos e práticas diárias, na tentativa de tornar cada momento com o cliente uma experiência inesquecível. A construção deste alicerce depende da análise constante dos feedbacks próprios e de outros integrantes do processo, sejam positivos ou negativos, em uma apreciação de si mesmo, aliada ao amadurecimento constante de seus comportamentos físicos e mentais.

A missão e os valores já estão definidos no papel? O que falta para fazer isso neste momento?

5

COACHING
aplicado à área de
VENDAS

Humberto Mello

Ferramenta estratégica para negociação

Humberto Mello

Palestrante, consultor e treinador especializado em: Canvas Pessoal e Empresarial, Planejamento Estratégico, Ferramentas Estratégicas. Canvas Expert – certificado pela Canvas Academy. Advogado, executivo das áreas comercial e planejamento. MBA de Marketing pela FGV, Fundação Getúlio Vargas. Formado em Coaching Executivo, com certificação internacional, pelo CAC – Center for Advanced Coaching. Programa de Formação no Varejo – Fia/USP.

humberto@humbertomello.com
www.humbertomello.com
www.palestrantehumbertomello.com

Olá!

Você sabia que apenas 20% do que você planeja e executa é responsável por 80% dos seus resultados em negociação?

Você já teve a sensação de que sabe que deve começar uma negociação, um projeto, uma tarefa, mas não tem certeza qual a ordem do primeiro e do último passo a seguir?

Quando você pede ajuda para negociar mais, melhor ou mais rápido, você sabe o que é mais importante e vem antes de todo o resto?

E se eu te disser que existe uma caixa de ferramentas e que dentro dela existe um **MAPA** para te ajudar a resolver esta e outras dúvidas que você, eu e muitas pessoas temos?

QUEM NEGOCIA?

Todos nós negociamos, o tempo todo, com todo mundo.

Simples assim. Quer você atue diretamente na área comercial ou, também, em outras áreas, você está sempre negociando.

Não acredita?

Pense em todas as tarefas e atividades que você tem no trabalho ou até mesmo em casa.

Você consegue excluir todas elas do conceito de negociação? Se, ao menos uma delas exigir de você uma negociação, estamos diante de um processo de negociação.

Por que um MAPA?

Voltando à caixa de ferramentas...

Sou da época em que, para fazer uma visita comercial, precisava me valer de um guia, um verdadeiro livro grosso, para descobrir, a partir da rua, qual o bairro em que o cliente estava, qual a região da cidade, qual a distância aproximada, se a rua era de duas mãos ou mão única e sabe-se lá qual a distância exata do meu trabalho estaria o tal lugar.

Pois é. Já naquela época, o mapa, impresso, me indicava os caminhos.

Não havia um caminho só, mas vários e eu precisaria escolher o melhor, na minha ótica do que considerava melhor.

Qual a importância do mapa, então?

Primeiro e imprescindível: apontar a direção!

Na vida pessoal ou profissional você sabe, melhor do que eu, que, acima de tudo, é preciso saber para onde você vai. Depois, você determina o ponto exato para onde você vai, como você chegará lá e outros detalhes para alcançar este objetivo.

O COACHING E O MAPA

O que é Coaching para você? Uma metodologia? Um instrumento? Um conjunto de ferramentas? Para que serve? Vamos pensar juntos?

Imagine um processo, um modo de pensar e agir que lhe permita melhorar a percepção e expandir sua mente.

Há quem diga que Coaching foca no comportamento.

Posso dizer que, se você aceitou a ideia de melhorar a percepção e expandir sua mente, o Coaching, além de comportamentos, pode melhorar processos.

Uma das definições de processo é: ação continuada, realização contínua e prolongada de alguma atividade; seguimento, curso, decurso.

Negociação é um processo!

Se você tem um negócio próprio, trabalhando sozinho ou com uma equipe ou, se você é liderado por um gestor, trabalhando numa empresa, a direção dada por um mapa ajuda a fazer o planejamento estratégico e, principalmente, partir para a ação!

Os resultados já acontecem para você, ano após ano, sem mapa, sem plano? Ótimo!

Então, imagine com um plano, com um mapa, onde você pode chegar!

QUAIS PERGUNTAS UM MAPA RESPONDE?

Reflita e responda nove perguntas que podem melhorar, ainda mais, seu processo de negociação.

Outros processos influenciam e determinam a própria negociação. Assim, estas nove perguntas podem aperfeiçoar, também, os processos de treinamento, suporte e mais.

Pergunta 1 - Segmento de mercado. Segmento de clientes.

Segmentar é fatiar.

• Qual fatia do mercado você atende?

• Como descobrir qual nicho é o seu?

No mapa da empresa: segmento de clientes.

No mapa pessoal: quem você ajuda?

Pergunta 2: Quais recursos-chave você tem?

• Como e se utilizando do quê você opera seu negócio?

• Você precisa de uma equipe? Certificações, instalações?

No mapa da empresa: recursos-chave.

No mapa pessoal: quem é você e o que você tem?

Pergunta 3: Quais recursos-chave você tem ou necessita ter?

• Como sua empresa opera?

• O que ela faz?

• Que atividades ou processos devem existir e sem os quais o modelo de negócio não existe?

No mapa da empresa: atividades-chave.

No mapa pessoal: o que você faz?

Pergunta 4: Qual é a proposta de valor que você entrega? Qual problema você resolve para qual segmento?

• É possível pensar além do produto, serviço ou processo?

Pense no benefício que o seu negócio possibilita para o segmento de clientes.

• Você inova? Você incrementa o que já existe?

No mapa da empresa: propósito ou proposta de valor.

No mapa pessoal: como você os ajuda?

Pergunta 5: Quais canais de atendimento você oferece?

- Como o segmento de clientes chega até você?
- Equipe comercial própria? Loja? Distribuidores?
    No mapa da empresa: canais.
    No mapa pessoal: como eles chegam a você e como você entrega?

Pergunta 6: Quais atividades de relacionamento você faz?
- Qual é a estratégia para que o segmento de clientes permaneça com você?
    No mapa da empresa: relacionamento com clientes.
    No mapa pessoal: como vocês interagem?

Pergunta 7: Quais parcerias-chave você tem?
- Quem mais te ajuda a entregar a proposta de valor?
    No mapa da empresa: parceiros-chave.
    No mapa pessoal: quem ajuda você?

Pergunta 8: Quanto você vai faturar por produto e segmento?
- Quais são as receitas esperadas em cada uma das soluções entregues e quanto representa cada segmento de clientes nesta receita?
    No mapa da empresa: receitas.
    No mapa pessoal: o que você ganha?

Pergunta 9: Quais os custos?
- Quanto custa manter o seu modelo de negócio? Quanto custa ter parceiros? Quanto custa manter os recursos e atividades?
    No mapa da empresa: custos.
    No mapa pessoal: o que você doa?

QUAL É O MAPA?

CANVAS!

CANVAS é fruto do trabalho de Alexander Osterwalder, um suíço, estudioso de negócios e modelos de negócio.

Osterwalder já se debruçara nos estudos, desde 2004, fruto de sua tese de doutorado, colhendo subsídios para um livro sobre o assunto modelo de negócio e o publicou em 2010.

Sua proposta foi inovar na forma de se pensar um negócio.

No livro Business Model Generation, ele, Alexander, e Yves Pigneur cocriaram, juntamente com 470 pessoas de 45 países, as bases do CANVAS, ferramenta que, em uma única página, te permite visualizar, testar, testar novamente, de forma isolada ou compartilhada, suas ideias para tocar um negócio.

De outro lado, o Plano de Negócios, consagrado há décadas, trouxe, cartesianamente, sequencialmente, uma série de passos e abordagens para você representar o seu negócio.

Há uma corrente que prega a extinção do Plano de Negócios. Há outras que o defendem ferrenhamente.

Particularmente, acredito que o melhor dos dois mundos pode conviver, pois, como você vai ver, o mundo CANVAS é o mundo da visão geral, dos testes, e o Plano de Negócios, sequencialmente, te remete para aprofundar insights e temas do CANVAS.

Depois, disso, mais recentemente, Osterwalder e Pigneur, de novo, se reuniram com Tim Clark e, também com a participação de vários especialistas, cocriaram o Business Model You, Modelo de Negócios Pessoal.

A proposta é que você considere a si mesmo como um negócio de uma só pessoa e o modelo de negócios pessoal pode lhe ajudar a perceber como você aplica seus pontos fortes e talentos para crescer pessoal e profissionalmente.

Por conta disso, você pode pensar e elaborar o seu:

- Modelo de Negócio Empresarial, um verdadeiro mapa da empresa;
- Modelo de Negócio Pessoal, um excelente mapa pessoal.

Olhe seu MAPA!

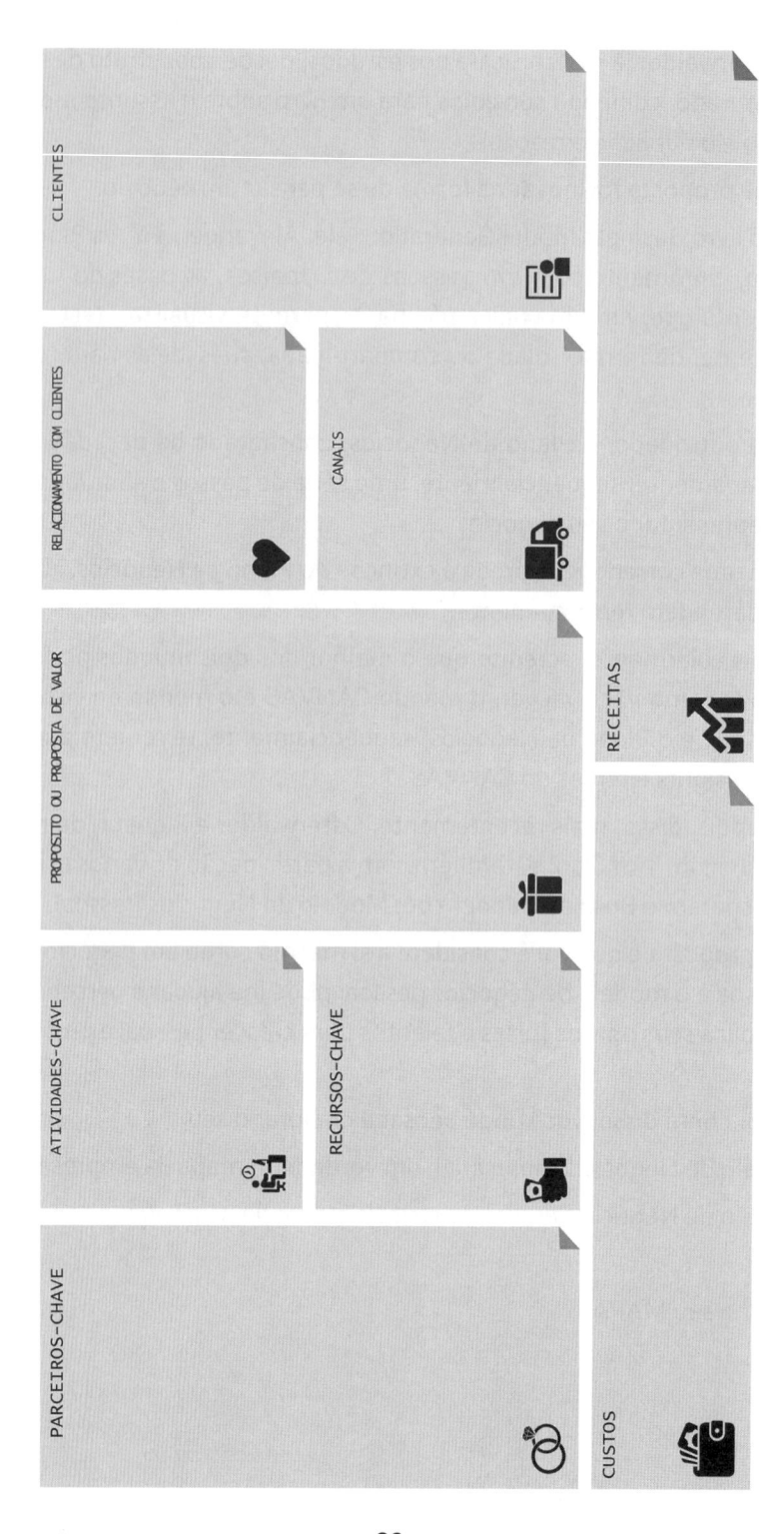

1) O MODELO DE NEGÓCIO EMPRESARIAL, UTILIZADO NAS ORGANIZAÇÕES

CLIENTES			
RELACIONAMENTO COM CLIENTES	CANAIS		RECEITAS
PROPÓSITO OU PROPOSTA DE VALOR			
ATIVIDADES-CHAVE	RECURSOS-CHAVE		CUSTOS
PARCEIROS-CHAVE			

2) O MODELO DE NEGÓCIO PESSOAL, UTILIZADO PARA A PESSOA, CONSIDERADA INDIVIDUALMENTE, NO CAMPO PESSOAL OU PROFISSIONAL

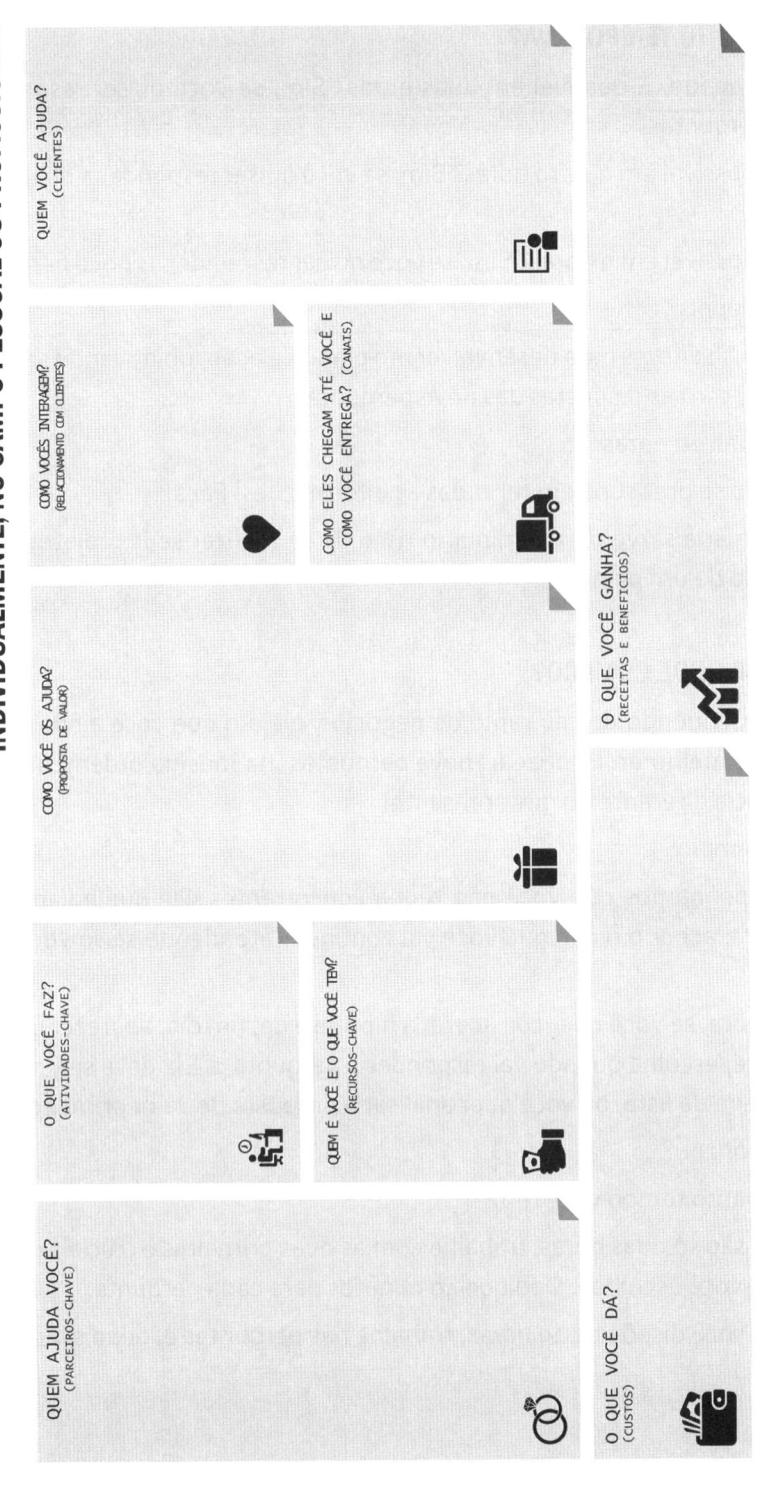

QUEM VOCÊ AJUDA?
(CLIENTES)

COMO VOCÊS INTERAGEM?
(RELACIONAMENTO COM CLIENTES)

COMO ELES CHEGAM ATÉ VOCÊ E COMO VOCÊ ENTREGA? (CANAIS)

COMO VOCÊ OS AJUDA?
(PROPOSTA DE VALOR)

O QUE VOCÊ GANHA?
(RECEITAS E BENEFÍCIOS)

O QUE VOCÊ FAZ?
(ATIVIDADES-CHAVE)

QUEM É VOCÊ E O QUE VOCÊ TEM?
(RECURSOS-CHAVE)

QUEM AJUDA VOCÊ?
(PARCEIROS-CHAVE)

O QUE VOCÊ DÁ?
(CUSTOS)

QUANTO TEMPO LEVA?

Depende. É possível em duas horas? Sim, se você quiser responder a duas perguntas.

É possível em quatro horas? Sim, se você quiser responder a quatro perguntas.

É possível em 9 horas? Sim, se você quiser responder as nove perguntas.

E depois?

Mais 11 horas para desenvolver um plano de ação, objetivando ser ainda melhor, com as respostas das nove perguntas.

Total: 20 horas.

Não se preocupe em ter todas as informações. Faça!

O mapa serve para diminuir o risco de se realizar seus projetos sem o respaldo de um plano.

POR ONDE COMEÇO?

Dependendo do seu ramo de negócios, eleja o que você ainda precisa e deseja melhorar. Priorize as nove perguntas, na mesma ordem, ou numa sequência diferente do que apresentei.

Exemplo:

Suponhamos que você não tenha concorrentes. De que adianta segmentar e achar o nicho que você vai continuar atendendo se só você pode fazê-lo?

Agora, se você quer considerar a hipótese de, um dia, aparecer um concorrente, escolha quando vai responder a pergunta 1. Ela deve ser, mesmo, a primeira da lista, ou você quer analisar a proposta de valor primeiro?

Priorizou?

Quanto tempo você tem?

Se são só duas horas, trabalhe com as duas primeiras e cruciais perguntas que você escolheu. Dedique 40 minutos para cada pergunta.

Se você dispõe de 20 horas, trabalhe nas perguntas e, depois, no plano.

COMO FAZER?

Para cada pergunta, determine até três tópicos que respondam a questão. Por exemplo: Qual é o segmento de clientes?

Resposta:

• Pessoas Físicas e Jurídicas.

• Pessoas Físicas de 24 até 55 anos de idade.

• Pessoas Jurídicas prestadoras de serviços com faturamento anual até R$ 150 mil.

COM QUEM FAZER?

Como os autores fizeram: cocrie.

Preferencialmente, com duas ou mais pessoas que conheçam você e seu negócio. Se trabalhar numa empresa, pode ser alguém de sua equipe e outras pessoas de outras áreas da empresa. Pode ser até um fornecedor e, por que não, um cliente?

Se você trabalha sozinho, combine com fornecedores, clientes e amigos. É sempre importante saber a opinião de mais pessoas, além da sua própria.

QUANDO FAZER?

Na maioria das vezes, um mapa só é consultado quando vamos nos movimentar, certo?

Neste caso, é diferente. Negociação e outras atividades fazem parte do dia a dia.

Faça seu mapa hoje, não só no fim ou início de cada ano.

Depois de fazê-lo, revisite seu mapa frequentemente. Mas, de quanto em quanto tempo?

Varia, pois existem perguntas cujas respostas mudam com frequência maior. Posso te dizer que reavaliar seu mapa a cada mês é uma boa prática.

PRECISA DE AJUDA?

Primeira pessoa que pode te ajudar: você mesmo!

As próximas são equipe, fornecedores e clientes que se disponham a isto. Pessoas de outros mercados e atividades também podem dar uma importante contribuição para seu mapa.

Muitos gostam de ser ouvidos e ajudar. É só pedir.

O MAPA É TUDO?

Não.

O mapa não é, por exemplo, o caminho.

Ele te aponta direções e cabe a você, de acordo com a maturidade do seu negócio e sua própria maturidade, escolher qual o melhor caminho, neste momento.

No mundo dos negócios, as escolhas podem ser faturar mais, lucrar mais, aumentar sua participação no mercado, ou a combinação, que seja possível, dentre estas alternativas.

Algumas escolhas vão recair sobre o caminho mais rápido, pois tudo é urgente.

Outras, apontarão para o caminho mais barato, pois custo pode ser a prioridade.

MAPA 80/20

Não se trata de uma lei imutável, mas a proporção e o desequilíbrio aparecem na fase de negociação e em outras fases de uma organização, de uma carreira, de um núcleo familiar:

- 20% dos eventos representam 80% dos resultados.

Para mudar isso, sugiro que você utilize o sistema 80/20 da seguinte forma:

- Dedicar 20% do tempo para consultar e reavaliar seu mapa, seu plano e 80% do tempo para colocar em prática o que você mesmo planejou.

VAMOS JUNTOS?

Se a definição de modelo de negócio é a lógica de criação, entrega e captura de valor por parte de uma organização, não lhe parece que faz todo sentido tratar a negociação como uma das formas de capturar valor para esta organização?

Mostrei o modelo de negócio empresarial e, também, o pessoal. Este último difere do primeiro por considerar que o Recurso Principal é você! Então, é possível no modelo pessoal pensar a si mesmo no trabalho e fora dele.

Um dos vários pontos importantes assinalados na obra de Osterwalder é que o modelo de negócios não é seu negócio. É um método para questionar, ajudar você a compreender o que fazer a seguir.

Faça, teste e teste de novo.

Construa seu mapa.

Alinhe a direção.

Escolha seu caminho.

Vá em frente!

Saúde, sucesso e felicidade, sempre!

6

COACHING
aplicado à área de
VENDAS

José Neto

Pergunta$ Podero$a$ + capacidade de ouvir = Vender Mai$

José Neto

Diretor/fundador da NTEAM – Personal Trainers (empresa de consultoria para Personal Trainers); áreas de atuação: Gestor, Personal Trainer, Personal & Professional Coach (pela SBC), coordenador pedagógico da Academia Biodinâmica, supervisor de Recreação na empresa SESC-PE (unidade Piedade). Experiência em ministrar treinamentos: Atendimento ao cliente, o Coaching para vencer o sedentarismo, Workshop NTEAM de "como vender sonhos" e Gerenciamento de carreira para Personal Trainer.

(81) 99844-6023 / (81) 98891-4228
coach@sejanteam.com

É uma grande satisfação compartilhar informações e experiências envolvendo perguntas consideradas poderosas e a capacidade de ouvir. A abordagem pretende realizar um despertar diário para aprimorar os resultados em vendas. Devendo, portanto, servir de apoio para empoderar quem busca ferramentas necessárias para aperfeiçoar as estratégias habituais e vender mais.

O cenário atual convida a mudanças significativas em termos de atendimento diferenciado ao cliente. Sendo necessário, primordial e competitivo durante a venda desenvolver a utilização de perguntas poderosas e a capacidade de ouvir. Essas habilidades buscam novos horizontes e outros caminhos para aumentar a performance do vendedor. Dessa maneira, ao final, é imprescindível discernir a diferença entre ouvir e escutar, além de compreender a relevância de identificar e praticar as perguntas poderosas.

O universo das vendas vem sofrendo transformações. Se antes era exigido do vendedor ter uma boa comunicação, facilidade para persuadir clientes e o poder da argumentação, hoje sua principal ferramenta para o sucesso está na capacidade de ouvir. Entende-se que, a partir do momento em que o cliente é ouvido ativamente, surgem infinitas possibilidades de identificar quais são os seus reais anseios e, assim, encontrar a metodologia que irá lhe beneficiar. Será necessário controlar a ansiedade de falar em demasia, para uma situação de ser "todo ouvidos".

Parece meio controverso, mas uma fabulosa técnica para desenvolver a capacidade de ouvir é lançar mão de perguntas assertivas durante as vendas. Ao questionar o cliente, o vendedor estabelece uma via de comunicação que lhe permitirá escutá-lo atentamente e discernir seus desejos. O mapeamento dos anseios ajuda a ordenar os passos durante a negociação. Como o interesse em descobrir informações é o combustível para esse processo, nesse contexto deve ser utilizado o Coaching como alternativa, pois ele é definido como um processo que envolve técnicas e ferramentas cientificamente comprovadas, que busca, por meio de questionamentos (perguntas), promover mudanças para atingir objetivos positivos e aumentar resultados.

Aqueles que se instrumentalizam com o Coaching têm mais chances de atingir resultados diferenciados, pois usam a curiosidade latente como pilar para um trabalho coerente. Um dos mais poderosos perguntadores são as crianças, que gastam mais da metade de seu tempo interessadas em realizar perguntas que desbravarão seu futuro, existindo durante a infância uma curiosidade imensa em conhecer tudo e poder obter respostas. O que é isto? Para que serve isto? De onde vem aquilo? Qual o nome disso? Diversas são as inquietações que envolvem uma criança. O curioso é que uma semelhança entre um Coach e uma criança deve ser levada em consideração: ambos são grandes "perguntadores", adorando ouvir o que os outros têm a dizer. Assim, faz-se necessário ter essa curiosidade, singular na infância, para estar disposto a ouvir e ter sede em desbravar novas possibilidades.

Por estar embasado na arte de gerar questionamentos/provocações, através das perguntas poderosas, o Coaching se apresenta como apoio estratégico para que o profissional de vendas possa atingir resultados surpreendentes. É preciso mudar a forma de fazer, para mudar o produto final, porém, nem sempre as pessoas querem sair da zona de conforto para buscar meios inovadores de atingir o sucesso. Essa é uma aquisição extraordinária, e os que se destacam numa venda, usando ferramentas do Coaching, estão mais preparados para conseguir fechar grandes negócios.

Existe um processo para dar fluidez às vendas. Para isso respeita-se a seguinte ordem: 1 - deve apresentar uma necessidade/oportunidade; 2 - o cliente precisa estar de posse do problema; 3 - deve existir uma insatisfação com a situação atual; 4 - precisa ser pautada em confiança (SOBEL & PANAS, 2014). E como conseguir obter tais informações? Por meio de bons questionamentos e perguntas poderosas, posteriormente, desenvolvendo a capacidade de ouvir, e atribuir importância ao que o outro fala. Desta forma será iniciada uma relação de confiança.

Nesse contexto, existem diversas perguntas que poderão ser exploradas, porém, não adianta memorizá-las sem estar comprometido em ficar atento para "ouvir" o que o outro quer dizer. A partir do momento em que o indivíduo sabe que está sendo ouvido ativamente, as sinapses neurais enviam mensagem para o neocórtex cerebral – parte racional - de que alguém está atribuindo importância ao que ele diz, e culmina numa reação emocional revitalizante (GOLEMAN, 1998).

Portanto, para estabelecer a relação em evidência é necessário atribuir valor ao discurso do cliente, habilidade desenvolvida apenas quando aprendemos as diferenças entre Escutar e ouvir.

Para Mackay (2000), "saber ouvir é condição indispensável para o sucesso. Possibilita fazer mais do que meramente escutar o que os outros estão dizendo. Ouvir com eficácia implica dar àquele que fala sua completa atenção somada à sua capacidade de compreensão. Em outras palavras, ouvir é muito mais do que sentar-se passivamente, deixando que sons entrem por um ouvido e saiam pelo outro".

O consultor Paulo Angelin (Revista VendaMais, dezembro, 2000) acrescenta: "Quando nós realmente ouvimos, criamos uma conexão entre nós e o outro; uma ligação invisível que nos conecta e nos permite entrar profundo na pessoa e melhor entender quem ela é e o que deseja. Conhecemos o seu interior". Quando o ponto de conexão é encontrado, aumentam-se as possibilidades de soluções para cada situação.

As referências colaboraram para mostrar que Escutar se refere a uma ação fisiológica, pela qual recebemos os diversos sons, passivamente, e que ouvir se relaciona com a compreensão desses sons, por meio da interpretação das mais diversas informações que são fornecidas por um locutor/cliente. Diferenciam-se as pessoas que se apresentam de forma mais receptiva e atenciosa para ouvir, plenamente, a mensagem enviada e direcionar as demais ações de negociação.

Para que haja uma boa relação entre o cliente e o vendedor, é necessário que este último possa estar disposto a desenvolver, realmente, a melhor abordagem para fornecer soluções. A curiosidade e o interesse poderão ser praticados pelos vendedores, pois se referem a condições favoráveis para que cada um possa estar disposto a entender o que os outros procuram. Quando as pessoas falam e notam estarem sendo ouvidas com atenção, existe uma importância dada ao conteúdo da conversa, sendo assim, é natural que o cliente se relacione melhor. Imagine se cada um puder desenvolver a capacidade de ouvir com eficácia e estabelecer essa conexão positiva numa negociação? Bingo! Possivelmente você será uma pessoa diferenciada na abordagem.

Alguns relatos robustos ratificam o assunto supracitado. Por isso mesmo, vale a pena conhecer a experiência de um vendedor do ramo de energia que menciona: "Você tem que ouvir o que o seu cliente está lhe dizendo. Quero que eles sempre saibam que estamos receptivos aos problemas deles, suas reclamações, boas notícias, más notícias, o que quer que seja. Apenas precisamos que eles nos falem" (BRIM & RUTIGLAINO, 2014). É com essa "curiosidade sadia" que o Coach busca respostas, bem como se colocando na condição de ouvir ativamente e atribuir importância àquilo que será dito. Deve existir o interesse em obter informações reais dos desejos dos compradores e não "imaginar" o que cada um está procurando.

Uma boa premissa para estabelecer uma comunicação assertiva é criar as novas perguntas através das respostas anteriores. Para que isso ocorra é necessário existir uma "inteireza de estado" (mindfullness – estado de presença), onde cada ouvinte fica atento e interpreta as informações do outro, em um estado de concentração profunda. O estado de presença é fundamental para que haja um direcionamento coerente e mais eficaz, pois o vendedor será capaz de captar um grande número de informações verbalizadas ou demonstradas por meio de gestos.

Quer aumentar suas vendas? A partir de hoje, ao invés de abordar as pessoas, oferecendo inúmeras opções de produtos sem parar, pratique o "mindfullness". Para se concentrar naquele momento, busque solucionar o que estiver inquietando o cliente, mas não "hipotetize" o que "aquele perfil" está procurando. Uma cultura de vendas baseada nos questionamentos parece ser uma abordagem bem mais coerente do que práticas realizadas comumente.

Como sabido, ouvir ativamente uma pessoa é estabelecer uma conexão emocional com ela, e com isso consegue-se investir em relacionamentos de longo prazo, os quais são pautados pela confiança. Uma vez desenvolvida uma boa relação no ato da compra, crescem as oportunidades para vendas futuras com a mesma pessoa, ou com outras que elas possam indicar para ser tão bem ouvidas quanto elas.

Quando o cliente passa a ser o centro do processo e seus anseios e necessidades são atendidos, nasce uma cadeia de acontecimentos: a busca do comprador pelo vendedor que conhece o que ele necessita; o cliente bem atendido recomenda o vendedor para outros amigos; amigos dos amigos poderão tomar conhecimento de uma forma diferente de tratamento; uma nova rede de pessoas se forma para conhecer o "profissional que sabe ouvir como ninguém".

Para se transformar naquele que "sabe ouvir como ninguém", é importante que cada profissional procure descobrir as melhores formas de desenvolver a utilização das perguntas e a capacidade de ouvir. Uma boa sugestão é aprimorar a leitura sobre o tema, trocar experiências, analisar com frequência suas vendas, estimular diariamente a curiosidade e praticar o questionamento para uma autorreflexão. Essa reflexão deverá levá-lo a inquietações acerca dos seus resultados, ou seja, eles foram alcançados? Há algo para melhorá-los? Para tal, o Coaching se apresenta como grande oportunidade para aumentar resultados profissionais e pessoais. Sair da zona de conforto para alçar grandes conquistas se mostra como excelente caminho. Pergunte mais e ouça melhor!

Como contribuição na busca contínua desse novo despertar, me atrevo a compartilhar algumas técnicas valiosas para desenvolver a capacidade de ouvir e que sirvam como alimento transformador. Que o cenário atual enfadonho e repetitivo abra caminho para novas conquistas em vendas e resultados transformadores.

Diante do exposto, é preciso empenho e dedicação para poder desenvolver essa capacidade. Tendo em vista que isso não é estimulado com frequência, assim, seguem alguns direcionamentos iniciais. A paciência para persistir se faz importante para que cada um possa entender e praticar as estratégias necessárias. Quanto mais praticar, maior será a evolução.

Para ouvir melhor – ou ouvir ativamente –, será importante estimular o senso de curiosidade em entender o que se passa com o outro, e precisa praticar o estado de presença para se portar com maior atenção e concentração quando alguém fala com você. Um exemplo para desenvolver concentração é quando estiver em alguma fila e, ao invés de ficar pensando em um turbilhão de coisas, focar o pensamento em algum objeto (até uma simples caneta), posteriormente imaginar o máximo de informações sobre ele (qual o material da caneta? Qual a cor? Como é a tampa e qual a cor dela?). Estimule uma maior concentração e esteja atento ao que as pessoas têm para falar. Fale menos e ouça mais.

Uma adaptação do livro Como ouvir pessoas irá ilustrar o que MacKay (2000) mostra sobre as três principais maneiras de demonstrar atenção: física, psicológica e verbalmente. Elas são fundamentais para desenvolver a habilidade de ouvir.

Atenção física	Atenção psicológica	Atenção Verbal
(...) os seguintes fatores são importantes para uma atitude positiva:	Concentra-se na pessoa que fala e:	Você deixa claro que ouve, quando:
Olhar de frente a pessoa que fala;	Naquilo que está sendo dito;	Estabelece contato visual;
Manter bom contato visual;	Como está sendo dito;	Balança a cabeça afirmativa ou negativamente;
Manter uma postura receptiva;	No que está sendo dito;	Faz perguntas;
Permanecer relativamente relaxado.	Nos sentimentos e emoções que estão sendo expressos, ou não.	Resume de alguma forma o que a pessoa disse;
		Constrói novas ideias a partir do que foi dito;
		Evita fatores de distração, tais como o toque do telefone e as interrupções de outras pessoas.

Essa tabela deverá servir como norte para que mais aprofundamentos possam ser feitos. A forma como ela se coloca facilitará o entendimento, porém, os itens deverão ser estimulados paulatinamente por meio de práticas constantes. Os vendedores precisam se interessar por tal tema e buscar mais informações, pois essa construção deverá servir para mostrar que existem aspectos merecendo ser lembrados. O ponto de partida foi proposto.

É interessante que cada um que esteja atuando no setor de vendas possa ter a real noção que as transformações atuais na sociedade demonstram uma conjectura propícia para que pessoas possam ter a capacidade de "resolver problemas" de outras. O que foi discutido se mostra como um viés diferenciado de valorização do que cada um "anseia". As perguntas podem ser reveladoras, e aqueles que sabem interpretá-las poderão estabelecer relacionamentos duradouros e vendas incríveis.

REFERÊNCIAS:

Andrew Sobel, Jerold Panas. Perguntas poderosas: construa relacionamentos, vença em novos negócios e influencie outros. Tradução de Savannah Hartmann. Rio de Janeiro: Qualitymark Editora, 2014.

Goleman, Daniel. Inteligência emocional. Tradução: Marcos Santarrita. 16ª ed. Rio de Janeiro: Objetiva, 1998.

Mackay, Ian. Como ouvir pessoas/Ian Mackay; tradução Maria Cristina Fioratti Florez. São Paulo: Nobel, 2000.

Paulo Angelin. Revista VendaMais, dezembro, 2000.

Tony Rutigliano, Brian Brim. Vendedor fora de série; tradução de Paulo Polzonoff Jr. Rio de Janeiro: Sextante, 2014.

7

COACHING
aplicado à área de **VENDAS**

Júnior Teixeira

Coaching e meditação aplicados à equipe de vendas

Júnior Teixeira

Contador – UFAL; MBA em Gestão Empresarial – FGV; formação em Controller – Instituto Indicare/PR, foi professor na Faculdade Alagoana de Administração, consultor econômico-financeiro empresarial. Como contador, foi proprietário de empresa contábil por muitos anos e optou pela área de consultoria ao perceber as dificuldades dos empresários em obter os reais resultados do seu negócio, atuando em vários projetos. Palestrante, Coach, analista Profiler, formação em Coaching pelo Instituto Holus, membro da Sociedade Brasileira de Coaching com formação em Personal e Executive Coach. Licenciado para aplicação do Alpha Assessment Coaching certificado pela Worth Ethic Corporation. Atua com projetos pessoais e empresariais.

(82) 99973-3333
jrcoach@outlook.com
www.sbcoaching.com.br/ocoach/jose-teixeira

*"Somos o que pensamos.
Tudo o que somos surge com nossos pensamentos.
Com nossos pensamentos, fazemos o nosso mundo."*
(Buda)

Esta afirmação do mestre Sidarta Gautama, mais conhecido como BUDA, que já tem mais de 2.500 anos, nunca foi tão atual e possivelmente sempre será atual. A partir desta abordagem em que nossa realidade é edificada a partir dos nossos pensamentos, faz-nos refletir como poderíamos ter uma melhor qualidade de vida e um melhor desempenho em nossas atividades profissionais se conseguíssemos ter um controle maior dos nossos pensamentos, uma vez que a partir dos nossos pensamentos surgem as emoções, que constroem os comportamentos e que escoam para os hábitos.

HÁBITOS
COMPORTAMENTOS
EMOÇÕES
PENSAMENTOS

A tecnologia deixada por Buda para obter estes ganhos ficou definida como meditação. Para se ter a compreensão clara do que seja isto, como ocorre e o impacto que causa em nossas vidas, remontamos aos primórdios de suas práticas até as pesquisas avançadas que há décadas fluem nos meios científicos em várias partes do mundo conhecido. Só para citar alguns textos publicados recentemente, um deles publicado no site Personare, http://

www.budavirtual.com.br/neurocientista-da-harvard-meditacao-nao-apenas-reduz-o-estresse-a-pratica-altera-fisicamente-seu-cerebro-veja-como-ocorre/, nos traz o título **Neurocientista de Harvard: Meditação não apenas reduz o estresse, ela altera fisicamente seu cérebro.** Veja como ocorre, com uma entrevista de Sara Lazar, neurocientista do Massachusetts General Hospital e Harvard Medical School, em que nos transparece a fisiologia e os reais impactos no cérebro e os benefícios que há em nível mental para nossa vida cotidiana. Ainda temos Daniel Goleman em um artigo publicado em 02/09/2015 intitulado "Criamos uma geração sem foco" em que o mesmo afirma que Steve Jobs era adepto da prática de meditação e como isto beneficiava o foco em seu processo de criação - http://exame.abril.com.br/revista-exame/edicoes/1056/noticias/nao-temos-tempo-para-refletir.

Percebemos claramente que a meditação é uma poderosa ferramenta que entre inúmeros benefícios fortalece a consciência do estado presente e em consequência o foco. Mas o que é mesmo meditação? Como esta tecnologia milenar se encontra com o processo de Coaching, hoje tão disseminado em nossa cultura, amparando e fortalecendo esta linha de conhecimento magnífica de aumento de performance e desempenho?

Apesar de Buda não ser o criador desta tecnologia, já que se tem registro de civilizações anteriores a ele que se utilizavam desta prática, nele temos a nossa maior referência. A palavra meditação vem do Latim meditare, que significa ir para dentro, no sentido de desligar-se do mundo exterior e voltar a atenção para dentro de si. Seu objetivo é compreender o que antes não compreendíamos, ver o que antes não víamos e estar onde nunca estivemos em relação a um objeto ou sujeito. Levando a pessoa a tornar-se atenta, experimentar o controle da mente durante atividades cotidianas, estar junto com a própria mente e desenvolver o autoconhecimento e a consciência. Aparentemente complexo, não o é, ao praticar-se meditação de uma forma simples até ao dirigir nossos veículos para o trabalho, em uma fila de espera, nos leva a termos consciência do movimento dos nossos pensamentos, buscando selecioná-los para fortalecer nossas emoções.

A meditação por si só já promove vários benefícios no mundo corporativo como, por exemplo:

• Diminui o nível de estresse.

• Torna o indivíduo mais produtivo.

- Transforma um mau dia num bom dia.
- Transforma um bom dia em um dia ainda melhor.
- Ajuda o indivíduo a se comunicar melhor com os seus colegas.

Viram só? Estes benefícios o Coaching também proporciona.

Mas Coaching, o que vem ser este processo tão comentado, tão difundido nos últimos tempos. Quais seus benefícios? Quais são suas bases? Como funciona? São tantas as perguntas! Contudo, também há inúmeras respostas...

Não diferente da meditação, a essência do Coaching já é há muito praticada pelos sábios da Antiguidade, não com este nome, evidente. Sábios como Sócrates envolviam seus discípulos e demais pessoas com perguntas para que justamente encontrassem as respostas em si próprias, o que na época ficou conhecido como maiêutica. Evoluiu até o século XXI com uma ampla base científica, estruturando o processo através da psicologia, neurociência, entre outros.

Coaching é um processo de aumento de performance do indivíduo, ou grupo de indivíduos e organizações. Trata-se de uma metodologia que foca na aprendizagem e não no ensino. Conduz as pessoas e organizações aos seus estados desejados, em parceria com o Coach.

No ambiente empresarial uma das personagens mais atuantes que contribuem para o fluxo e incremento das organizações são os vendedores. Cada vez mais profissionais, mais estruturados técnica e emocionalmente para satisfazer as necessidades dos clientes e até surpreendê-los com produtos inovadores que melhorem a qualidade de vida dos mesmos. Os vendedores são lutadores incansáveis a fim de atingirem suas metas por vezes cada vez mais arrojadas, metas em volume, em valores e até em margem de contribuição. Com este cenário natural altamente desafiador este profissional precisa estar cada vez mais preparado, fortalecido de conhecimentos técnicos e emocionais para atingir os objetivos das organizações, bem como os seus próprios objetivos pessoais.

A meditação surge então como prática milenar neste cenário para o nosso profissional vendedor como uma base para sobre ela estabelecerem-se as demais ações de Coaching que venham fortalecer os pensamentos e emoções, que por sua vez direcionam com maior clareza seus planos e estratégias para o atingimento de seus objetivos.

A meditação consiste em um processo de esvaziar a mente, não permitir que pensamentos aleatórios e improdutivos preencham o nosso espaço mental criativo. Para criarmos e pensarmos em soluções construtivas é preciso estar com a mente limpa como um fundo de um lago de águas cristalinas. Imagine-se neste momento banhando-se no mesmo sob um sol brilhante em um estado relaxante, você caminhando calmamente no lago, observando o chão, as pedras e peixes que compõem a paisagem. Repentinamente uma criança entra na água correndo, pulando e brincando... ela passa perto de você, e o que acontece então? Toda a areia que estava decantada fica em suspensão e nada mais você vê! Então não lhe resta mais nada neste momento a não ser esperar a areia decantar e você retomar toda a bela visão anterior. Isto ocorre normalmente em nossa mente, estamos sempre com "areia" em suspensão pela agitação dos nossos pensamentos improdutivos e nossas emoções, neste estado não temos clareza mental para enxergar as coisas e fatos como realmente são. Não conseguimos, por conseguinte, ter atitudes coerentes, não pensamos com lucidez, nossa criatividade fica comprometida e consequentemente nossas ações ficam desgovernadas.

Diante destas informações, nada mais útil neste momento do que aprender um pouco desta prática, não acham?

Vamos então para uma aplicação direta.

Como disse anteriormente, meditar é esvaziar a mente para que tenhamos consciência do presente, e como grande benefício nosso foco se fortalece.

Vamos exemplificar esta jornada em dois momentos, o primeiro no aconchego do seu lar, da sua sala, em qualquer lugar em que você possa ficar ao menos 30 minutos em horário mais adequado para você (de início cinco minutos e aumentando progressivamente) diariamente. Em uma posição confortável (sentado) com os pés no chão, ou, se na cama, de pernas cruzadas, coloque um pequeno objeto a sua frente de forma que você possa inclinar seu queixo um pouco para baixo e deixá-lo no seu campo visual (neste momento o objeto serve como uma âncora), apenas repouse a sua visão no objeto, não fixando o olhar. Ao observar o objeto, preste atenção na sua respiração, observe o ar entrando nas suas narinas, após um pequeno período de observação (20 segundos) mantenha a respiração em atenção e comece a contar por ciclo. Deixe-me explicar melhor. Você inspira naturalmente e expira naturalmente e aí conta mentalmente 1, e em seguida o novo ciclo, inspira naturalmente e expira naturalmente e mentalmente conta 2 e assim sucessivamente até 21. Quando chegar em 21, continua o mesmo processo da respiração natural e calma, agora contando a cada ciclo de 21 até chegar a 1. Detalhe: se durante a contagem você percebeu que se perdeu no processo, comece a contar de novo. Se estava contando 1, 2, 3... e aí se perdeu, volte a contar do 1. Se estava na forma decrescente 21, 20, 19... e aí se perdeu também, volte a contar de 21. Com esta prática diária você estará condicionando a sua mente a evitar pensamentos aleatórios e improdutivos no seu dia, entre outros benefícios, como, por exemplo, redução do estresse e aumento do foco.

Esta prática, quando estiver mais treinado, após 15 dias no máximo você pode levar para o seu cotidiano, não se assuste, é simples. Em momentos que você estiver "naquele trânsito", em vez de ficar estressado(a) faça esta prática, você já está no seu carro sentado(a) e o trânsito não anda, simples, repouse seu olhar em algum ponto a sua frente, como a placa do carro da frente, por exemplo (o que lhe permite também observar que o trânsito está se movendo), repouse seu olhar e pratique a respiração contada. Se você está esperando em alguma fila, em vez de ficar impaciente, pratique esta mesma técnica. Com a prática você vai observar os benefícios na vida como um todo, inclusive diante dos desafios profissionais perante os clientes e suas metas.

E a meditação invadiu o mundo corporativo justamente pelos benefícios imensuráveis que trazem para as pessoas e organizações. As pressões por sobrevivência e resultados positivos aumentam drasticamente, e apenas as empresas com estruturas sólidas permanecem no mercado, em meio à crise e escândalos políticos. Como o Coaching e a meditação podem trazer benefícios efetivos para a equipe de vendas das organizações neste período? Como visto acima, através da meditação o indivíduo adquire o mais importante, um estado de serenidade, lucidez e saúde para planejar e operacionalizar suas metas. Poderemos afirmar que através da prática da meditação há a criação e manutenção de um estado interno ideal para que novas competências, através das ferramentas do Coaching, sejam operacionalizadas, acarretando uma alavancagem sobre os resultados das mesmas. As empresas em geral pesquisam no mercado as melhores consultorias voltadas para o treinamento dos seus vendedores, utilizando-se das mais conhecidas técnicas de mercado, como palestras técnicas e motivacionais, entre outras. Utilizando-se do Coaching temos a identificação do ponto A de uma equipe de vendas e de seus indivíduos e o ponto B desejado, a partir daí aplicam-se as ferramentas mais adequadas que viabilizem a trajetória com foco no desenvolvimento do indivíduo e de suas habilidades consequentemente com a da equipe. Para facilitar a compreensão destacamos as etapas na tabela abaixo:

Passos	Processo de Consultoria	Processo de Coaching
Ponto A	Identifica o estado atual dos indivíduos e equipe quanto às perspectivas emocional e técnica.	Identifica o estado atual, ou seja, é definido onde a equipe se encontra através das ferramentas de Coaching e perguntas adequadas.
Ponto B	O cliente ou contratante define onde deseja que a equipe chegue e com quais resultados.	O cliente ou coachee, auxiliado pelo Coach, identifica o ponto desejado que a equipe deve alcançar. Neste momento é intensificada a energia da mudança.
Planejamento	A consultoria define quais técnicas serão aplicadas, de acordo com a necessidade da equipe.	O Coach auxilia os indivíduos da equipe a identificar os gaps (lacunas) que estão impedindo a equipe de atingir o ponto B, e quais as competências necessárias a serem desenvolvidas.
Ação	Já definidas as técnicas, é feito o treinamento e posterior certificação.	Iniciadas as sessões de Coaching, são aplicadas as ferramentas adequadas com os líderes das equipes de vendas e quando necessário com coachees específicos.

Resultados	Com os repetitivos treinamentos e acompanhamento, a equipe vai gradativamente atingindo o objetivo desejado.	Através do desenvolvimento proporcionado pelo Coaching, lastreado na meditação e associado às ferramentas e tecnologias do Coaching, a mudança e o aprendizado se processam de forma mais profunda de acordo com o ciclo de aprendizado.

Com a prática da meditação em andamento podemos neste momento identificar e oportunizar um ambiente de mudanças adaptado às necessidades do coachee em fazer frente aos desafios inerentes de sua jornada do seu ponto A para o ponto B desejado. Com um questionário de avaliação inicial elaborado para identificar a disposição e flexibilidade em aceitar novas formas de promover a trajetória de forma vitoriosa e a aplicação de ferramentas que possibilitam ao Coach avaliar qual o estágio de mudança em que o coachee se encontra, então aplicar a melhor estratégia que o fortaleça em direção aos objetivos desejados, que propicie ao mesmo condições mais favoráveis de sucesso nesta etapa. Uma vez atingido este objetivo é fundamental a construção da missão e propósitos alinhados aos valores do indivíduo em concordância com os da equipe e por sua vez com o planejamento estratégico da empresa. É gerada a partir daí uma vinculação e uma integração mais profundas entre a equipe e a organização, promovendo o desenvolvimento efetivo das pessoas e um crescimento sustentável na organização. Haja vista que este crescimento está ocorrendo com o real desenvolvimento das pessoas a partir do processo de Coaching. Mediante algumas assertivas do coachee é claramente possível a identificação das crenças limitantes, ou seja, pensamentos que o impedem de se fortalecer e avançar em direção às metas desejáveis. Sabendo que somos seres com um alto grau de emotividade e como as emoções impactam em nossas decisões, o Coach observará também o nível de controle emocional de seu coachee, pessoas ansiosas, com baixo nível de resiliência, por vezes inseguras, com nível de estresse alto podem tornar-se frágeis diante de suas metas. Em projeto direcionado para o desenvolvimento da equipe de vendas principalmente em um cenário recessivo como o da atualidade, compreendo que lastreado na prática meditativa será mais fácil a absorção pelo coachee das ferramentas de controles emocionais como o modelo de 6 segundos, âncora, que aplicadas com habilidade e atenção fortalecem os recursos internos do coachee diante das metas, das relações com os clientes e abrem espaço para um posicionamento mais produtivo entre vendedores e clientes.

Diante das crenças que limitam a performance do vendedor, o Coach aplica normalmente ferramentas específicas como por exemplo o "modelo AF" e " ideias fixas", identificando e ressignificando as crenças limitantes que se tornam obstáculos ao longo do tempo. Uma das ferramentas mais fantásticas que identifico para aplicar com os vendedores é o ensaio dramático associado com o ensaio mental, pois ambas as técnicas permitem ao vendedor testar com seu Coach situações importantes, que no ato não permitem erros, então são treinadas, testadas as falas e as possíveis situações para que o cliente tenha o máximo de chances de ter o êxito no evento citado. Esta associação é fortalecedora pois esta conexão proporciona ao coachee uma vivência mental e emocional riquíssima, basicamente imprimindo em nível cerebral o fortalecimento que o mesmo necessita para sentir a sua autoconfiança mais tangível, além do mais, novas abordagens mentais proporcionam novas conexões neurais que com o exercício e a prática efetiva, além de fortalecerem a autoestima do coachee, enfraquecem as vias neurais em que trafegavam as crenças limitantes, sendo as mesmas subscritas pelas práticas também efetivas do ensaio dramático e mental, com a mente e os sentimentos mais harmonizados. Não há nada mais fortalecedor no final dos processos do que aplicarmos diante de metas a serem atingidas na linha do tempo a técnica Roadmap, ou seja, o mapa com a rota, onde se inicia do ponto B e se volta em uma linha imaginária no tempo até chegar ao ponto A, em que se encontra no exato momento, permitindo ao vendedor enxergar cada grande passo necessário e em que momento o que deve ser feito para que suas metas sejam alcançadas. E é importante frisar que toda esta jornada, de acordo com cada situação, será envolvida com perguntas poderosas fazendo o coachee extrair de si próprio as soluções mais acertadas para o seu desenvolvimento, da sua equipe e da sua empresa.

Fica evidente que a jornada de Coaching em um processo de vendas faz toda a diferença nos resultados alcançados, sendo uma poderosa ferramenta de desenvolvimento pessoal e profissional cientificamente validada e comprovada pelos seus reais benefícios a pessoas e organizações. A meditação neste momento é utilizada como um suporte de harmonização que visa facilitar a aplicação das ferramentas de desempenho e de alta performance encontradas no universo do Coaching.

Com a experiência de longos anos com a prática de meditação vivenciada com um grupo de estudos budistas e práticas meditativas com a monja Ani Zamba (https://dipamkarario.wordpress.com/sobre/), bem como ex-aluno de yoga, tai chi chuan, aikido (http://www.shinbodojo.com.br/), a arte dos samurais, como profissional que utiliza os conhecimentos específicos tanto do Coaching quanto da meditação, tendo aplicado em meus clientes com sucesso, afirmo que é perfeitamente factível aplicar a meditação como alicerce e alavanca fortalecedores para as ferramentas de Coaching com obtenção de êxito.

8

COACHING
aplicado à área de **VENDAS**

Marco Túlio Costa

Linguagem hipnótica aplicada ao processo de vendas

Marco Túlio Costa

Mestre em Administração pela Fead Minas, MBA em Gestão Comercial pela Fundação Getúlio Vargas, MBA Americano pela Ohio University, trainer em Liderança, Comportamento Humano e Comunicação Eficaz pela Carnegie University nos EUA, Coach pela International Community Coaching, Master Coach e Mentor com certificação internacional reconhecida pela International Coaching Federation, master em Programação Neurolinguística pela The Society of NLP, formação em hipnose clássica e ericksoniana reconhecida pela ABECE, engenheiro pelo Centro Federal de Educação Tecnológica de Minas Gerais. Sua experiência profissional inclui o cargo de diretor de Vendas e Marketing da Serta Transformadores, gerente de vendas da Nansen Instrumentos de Precisão, gerente de obras no exterior pela Asea Brown Boveri, gerente de RH em obras, engenheiro e supervisor de Qualidade na Toshiba do Brasil S.A. Já atuou na coordenação de equipes em nível nacional e internacional, com grande experiência em negociações internacionais. Atualmente, atua como Coach, professor, palestrante e coordenador de programas de pós-graduação, formação em Coaching e em PNL, também prestando serviços de consultoria e treinamentos em diversas empresas em todo o território nacional. É professor da Fundação Getúlio Vargas nas áreas de Empreendedorismo, Programação Neurolinguística, Gestão de Pessoas, Liderança, Comunicação, Negociação e Estratégia de Empresas.

(31) 8269-7070
www.marcotuliocosta.com.br / www.inemp.emp.br

A arte de ser precisamente vago talvez seja uma das melhores maneiras de entendermos a linguagem hipnótica. Na década de 70, Richard Bandler e John Grinder, os criadores da Programação Neurolinguística, foram inspirados por Milton Erickson, que era médico psiquiatra, mestre em psicologia e professor. Como pesquisador, Erickson publicou sobre a hipnose, indução indireta e metáforas aplicadas.

A despeito de seus dois ataques de pólio e da necessidade de andar com muletas, Erickson gozava de boa saúde. Até seu falecimento em 1980, inspirou vários autores, inclusive Bandler e Grinder.

Quando Richard Bandler ligou para Erikson pedindo uma entrevista, aconteceu de o dr. Erickson atender ao telefone. Erickson respondeu que era um homem muito ocupado e Bandler reagiu com a seguinte frase: "Algumas pessoas sabem como achar tempo".

Imediatamente, a resposta de Erickson foi a seguinte: "Venha quando quiser".

Bandler omitiu informações na frase, fazendo com que Erickson completasse a frase com sua própria experiência interna. Erickson ficou intrigado pelo interesse dos dois jovens pelo assunto. O próprio Erickson dizia: "Eu sei o que faço, mas explicar como faço é demasiado difícil para mim".

A linguagem hipnótica pressupõe uma conversa fluida, confortável e agradável que mantenha o seu ouvinte querendo ouvir mais, sem contar ainda que saber hipnotizar conversando com qualquer pessoa é uma ferramenta transformadora, que lhe dará um outro patamar de comunicação. Não deve haver palavras ou ideias que façam o ouvinte querer parar o fluxo da linguagem. Por exemplo, se quero vender um produto de beleza para uma mulher, poderia dizer o seguinte:

"Este produto fará você ficar linda".

Existe o grande risco de uma crítica por parte da mulher, pois muitas poderão pensar assim: "Quem é ele para dizer que sou feia?"

Em contrapartida, podemos falar da seguinte maneira:

"Este produto fará você ficar cada vez mais linda".

O que está pressuposto na frase acima? Que a mulher já é linda e pode ficar ainda mais.

Ou seja, a linguagem hipnótica explora as potencialidades do discurso, trabalhando uma estrutura profunda de linguagem, evitando especificações. A pessoa preenche as lacunas de acordo com sua experiência interna.

Alguns leitores podem estar se perguntando o porquê do nome linguagem hipnótica. O objetivo é deixar o interlocutor em estado de transe. O estado de transe em vendas é quando o interlocutor está em um estado de bastante foco, com atenção muito dirigida ao que você está falando. Diz-se que é um estado de consciência alterada, em que a informação recebida vai direto para o inconsciente.

Os padrões de linguagem hipnótica (Modelo Milton, em homenagem a Milton Erickson) segmentam a linguagem para cima, tornando-a inespecífica, gerando deleções, distorções e generalizações e desta forma fazem com que a pessoa tenha de submergir a sua própria experiência.

Estes padrões correspondem a:

• **Eliminação ou deleção:** a mente possui um mecanismo seletivo onde a atenção é focada em no máximo nove informações simultâneas.

Exemplos: ao voltarmos de uma festa, nos lembramos de algumas coisas.

Em um mapa de uma cidade, você não desenha os carros ou edifícios ali existentes.

Você está caminhando por uma rua conhecida e nota que ali existe agora uma loja nova. Quando pergunta para alguém, percebe que aquela loja está ali faz cerca de cinco anos.

Distorção: seu cérebro distorce o mundo e isso incita valores e crenças particulares. Exemplos: você se depara com uma pilha de roupas e por um instante pensa que é um animal.

Um mapa de uma cidade é menor do que ela é realmente.

• **Generalização:** é o meio pelo qual a mente utiliza um aprendizado em diversas outras situações similares.

Exemplos: aprendemos a dirigir um modelo de carro e conseguimos dirigir qualquer outro.

Em um mapa de uma cidade, todas as estradas são representadas do mesmo modo.

Alguém tem uma decepção amorosa e chega à conclusão de que ninguém mais pode ser seu companheiro(a).

Podemos aplicar deleções, distorções e generalizações em um processo de vendas, tornando a linguagem inespecífica, fazendo com que o interlocutor tenha de submergir a sua experiência interna.

Exemplos: você pode se lembrar de vendas bem-sucedidas que já realizou (deleção).

Você pode agora criar toda a segurança de que necessita (deleção).

E fica cada vez mais fácil encontrarmos uma solução para estas objeções (deleção).

Enquanto debatemos este assunto, podemos começar a estabelecer os itens do contrato (distorção).

Não sei se você se lembrará da melhor negociação que já fez na vida antes ou depois de terminar de ler este artigo (distorção).

Você sempre terá soluções adequadas para sua empresa (generalização).

Exemplo: nós podemos aprender tudo que quisermos (generalização).

A abordagem através da linguagem hipnótica não gera resistências. Como o próprio Erickson dizia: "A resistência não existe, basta o terapeuta ser suficientemente flexível". Basta o vendedor ser flexível, afinal, precisamos nos colocar no lugar da contraparte para um processo efetivo de vendas.

Reduza a velocidade da fala, abaixe um pouco o tom de voz e fale de forma a prender a atenção do seu interlocutor. Fazendo isso, você estará "hipnotizando" seu interlocutor.

Que tal terminarmos este artigo com um pouco de linguagem hipnótica?

Eu fico me perguntando quantas oportunidades você que está lendo este artigo tem para utilizar a linguagem hipnótica em suas vendas. Talvez você possa se lembrar agora de alguma situação em que este padrão de linguagem possa ser extremamente útil. Todos nós criamos situações de venda e, quanto mais criarmos estas situações, melhores resultados teremos.

Boas vendas!

9

COACHING
aplicado à área de **VENDAS**

Patrícia Morais

Agressividade em vendas

Patrícia Morais

Formada em Ciências Contábeis pela Universidade de Itaúna-MG, pós-graduada em Auditoria e Controladoria, possui experiência em vendas há mais de 20 anos. Atualmente é gerente nacional de Vendas, cargo que já exerce há dez anos. Responsável pela criação da gestão comercial, desenvolvimento e capacitação de equipes de vendas.
Formação em Gestão de Equipes Comerciais, Líder Coach e Personal & Professional Coaching. Experiência em liderança de equipes há mais de 10 anos. Coautora dos livros Liberte Seu Poder e Práticas da Liderança.

(79) 9-8866-5973
patriciamademar@hotmail.com

"Agressividade é ARRANCAR a venda de um cliente, mesmo sabendo que atualmente ele está andando com um escorpião no bolso."
(Fabrício Medeiros)

✦ ✦ ✦

"Aprenda a ser arrojado sem agredir."
(Raul Candeloro)

INTRODUÇÃO

Você já deve ter escutado muitas vezes aquela típica frase "muita calma nessa hora", não é mesmo? Pois é. Vou novamente convocar essa típica frase para uma palavra que à primeira vista parece feia, pesada e ruim, chamada "agressividade".

A primeira impressão que temos, ou talvez a maioria das pessoas tenha ao ter contato com a palavra agressividade, é de que essa palavra traz com ela uma bagagem de coisas negativas apenas, que vão ferir ou agredir alguém, e por isso eu peço "muita calma nessa hora"!

Em vendas, o termo agressividade tem um significado bem particular. Em vendas, tem a ver com a dinâmica de comercializar, em ser arrojado, ou seja, ser agressivo em vendas é, nada mais, nada menos, que ser dinâmico e arrojado! Tá vendo só?

Muitas vezes, nos deixamos levar pelo que eu chamo de primeiro julgamento, e não damos ao outro o espaço ou a permissão para que o mesmo se mostre como verdadeiramente é. Nosso filtro pessoal, nosso primeiro julgamento são muitas vezes implacáveis e perdemos a enriquecedora chance da descoberta e da experiência com o diferente e o novo.

Iniciei meu capítulo com duas frases de autores diferentes. A ideia, com essas duas frases, era inicialmente mostrar uma frase de impacto mais forte, em que o autor usa a expressão "arrancar a venda", e na outra frase o autor de forma mais leve diz "Aprenda a ser arrojado sem agredir", como forma de ilustrar e destacar que as frases falam sobre agressividade, do ponto de vista das vendas, no entanto, com formatos diferentes.

Em resumo, quando Fabrício Medeiros usa a expressão "arrancar a venda", ele não quer dizer que tenhamos de "puxar a bolsa da cliente" a qualquer custo, a qualquer preço! Ele, na verdade, quer dizer ao vendedor várias coisas ao mesmo tempo:

a) Não perca oportunidades!

b) Não desista!

c) Se esforce até conseguir!"

d) Vá à luta!

No entanto, ele imprimiu em sua frase o seu estilo pessoal de alto impacto para ilustrar ao seu modo a agressividade em vendas.

A ideia do capítulo é descortinar a agressividade no contexto de vendas, bem como sugerir alguns caminhos através do processo de Coaching para desenvolvê-la.

A AGRESSIVIDADE COMO DIFERENCIAL EM VENDAS

Raul Candeloro, criador da definição do CHA em Vendas, reúne os principais conhecimentos, habilidades e atitudes de um vendedor, conforme abaixo, com uma leve adaptação.

C – Conhecimento	H – Habilidade	A – Atitude
a) De produtos e serviços	a) Planejamento	1- Motivação
b) Da concorrência	b) Prospecção	2- Foco
c) Do mercado	c) Abordagem	3- Iniciativa
d) Do cliente	d) Levantamento de necessidade	4- Inteligência emocional
e) Gerais	e) Proposta de valor	5- Ética
	f) Negociação	6- Resiliência
	g) Fechamento	7- Criatividade
	h) Pós-Venda	8- Comprometimento
		9- Persistência
		10- Autodesenvolvimento
		Agressividade*

* Minha inserção

Como em todas as profissões, todo profissional precisa reunir uma bagagem de conhecimento, habilidade e atitude para ser bem-sucedido. Nesse caso específico do CHA em vendas, eu inseri a agressividade como uma atitude plus*, ou seja, eu inseri a agressividade como se fosse um borogodó diferencial do vendedor bem-sucedido padrão. Também não estou aqui afirmando que somente a característica agressividade pode conferir esse diferencial competitivo em vendas. Meu objetivo é apenas tornar mais didático onde a agressividade se encaixa no CHA em vendas, e como ela torna o vendedor e também, claro, o gestor em vendas, em profissionais diferenciados por terem essa característica e que, inclusive, deve ser usada "somente em situações comerciais pontuais". A agressividade como estratégia de longo prazo não é sustentável.

Como falei anteriormente, o profissional de vendas que possui a característica da agressividade passeia pelo CHA com mais ritmo, ou seja, ele é mais dinâmico e também mais arrojado. Com esses adjetivos poderosos de dinamismo e arrojo, os profissionais de vendas terão um "motor turbinado" para planejar com mais criatividade, prospectar muito mais freneticamente e com diferenciadas e ousadas formas abordarão o cliente com mais impacto, criarão muito mais demandas no levantamento de necessidades, negociarão tentando arrancar a venda sem agredir, arrancarão as vendas sem agressão e farão um pós-venda "matador" (risos), de emoção, claro!

Enfim, possuir a atitude agressiva em vendas significa ter uma estrelinha dourada diferente, ter uma particularidade pessoal diferenciada, que em vendas é muito bem-vinda! Ser agressivo em vendas é ser agressivo com as metas, com os processos de vendas, mas nunca com as pessoas!

Seguem alguns exemplos desse arrojo e dinamismo, em algumas etapas da venda, para ilustrar um pouco mais essa dose de agressividade que estou sugerindo aos vendedores e gestores de vendas:

a) Eu, como gerente, sempre cobrava da minha supervisão uma atuação mais forte nas cidades do interior, onde a concorrência em grande parte não atua, e que os clientes para comprar, em sua maioria, o produto que vendíamos precisavam ir até a capital. E essa atuação nunca acontecia. Um belo dia, sentamos, eu, ela e os consultores e fizemos o planejamento/ agenda para visitarmos três cidades do interior. Fomos tomos juntos. Resultado: tanto a supervisora quanto os vendedores ficaram surpresos com o crescimento das cidades do interior, com o nível de empresas que havia por lá, fechamos vendas, eles se empolgaram, e essa prática, de uma vez por todas, se integrou ao trabalho como nova rota de prospecção de novos clientes.

b) Outro exemplo, foi uma campanha de prospecção que realizamos na indústria onde eu trabalhava. Reunimos todos os funcionários da empresa. A ideia é que todos se tornassem vendedores/prospectores por um período, através da indicação de obras. A empresa em que eu trabalhava era uma indústria de móveis de escritório, e os funcionários da empresa, independente do setor, que trouxessem para a empresa o nome e o endereço de uma obra que eles tivessem visto, ou no percurso de casa/trabalho, ou no final de semana, enfim, e colocassem no formulário que criamos para a campanha, estariam concorrendo a um prêmio em dinheiro. Ao final do período, apuramos o maior indicador de obras, e fizemos a premiação. Com a campanha, fechamos três novas vendas, e cerca de 15 orçamentos ficaram para negociação futura.

c) Nessa mesma indústria de móveis de escritório, fizemos um incremento arrojado à etapa de levantamento de necessidades. Selecionamos cinco clientes de grande porte da carteira de cada consultor de vendas, e fizemos uma visita aos clientes não somente como de praxe, ou seja, somente o consultor. O incremento foi levar junto com o consultor de vendas o nosso ergonomista e o nosso arquiteto, para que em conjunto fizessem um levantamento de necessidade mais completo. O resultado foi maravilhoso. Todos os clientes se sentiram privilegiados por terem essa visita tão profissionalmente incrementada, ou seja, ao invés de somente um profissional de vendas, agregamos outros dois profissionais técnicos para ajudá-lo. Nosso ticket médio de compras nesses clientes aumentou em torno de 20%, e as compras de itens adicionais aumentaram em 50% dos clientes visitados por essa equipe.

A AGRESSIVIDADE E AS CRENÇAS LIMITANTES

Desde pequenos, quando se inicia a nossa educação e nossos pais começam a nos dizer "isso pode", "isso não pode", "isso é bom", "isso é mau", começamos a formar em nossa mente nossos modelos e percepções, e isso não quer dizer necessariamente que estamos "corretos", ou seja, que as experiências que nós vivemos em nosso miniuniverso de vida são agora os modelos padrões de todos do planeta. Desde essa época, começamos a selecionar as experiências da nossa vida em certas e erradas, boas e ruins, então nascem nossas crenças, que em algum momento podem nos limitar, nos bloqueando de vivenciar algo diferente e descobrir novas formas de fazer o que fazemos "do nosso jeito". Em resumo é o seguinte: na infância aprendemos que o bom é bom, e o mau é mau. Depois, com o passar do tempo e com o entendimento mais claro do que são as crenças limitantes, passamos a entender que o "bom pode ser mau" e o "mau pode ser bom". Parece doideira, né?! Mas é bem assim! Tudo vai depender do contexto da situação e da sua permissão para descobrir novas experiências diferentes dos seus modelos mentais!

Durante minha carreira em vendas, por várias vezes eu percebi que para alguns estilos de líderes de vendas, e também para muitos vendedores, eu não podia nem falar em vendedor Pit Bull, título do nosso conhecido Luis Paulo LUPPA, que esses líderes já se mostravam arredios ao nome, por associar a expressão "vendedor Pit Bull" com "vendedores agressores", ou seja, confundiam a agressividade em vendas do vendedor Pit Bull com o comportamento agressivo de maltratar os outros. Com isso, criavam seus bloqueios internos que não permitiam a eles apreciar e descobrir a dinâmica e arrojo dos vendedores e líderes agressivos em vendas. O conceito de agressividade para eles estava associado diretamente ao convívio e experiência com pessoas de comportamentos agressivos.

Particularmente, eu aprecio muito essa atitude agressiva em vendas, pois ela serve de mola propulsora para todos os nossos caminhos em vendas, mas tenho certeza que por conta dessa crença limitante e talvez outras parecidas muitos líderes de vendas e muitos profissionais da área não se permitem vivenciar treinamentos do tipo "Tropa de Elite" ou "Faca na Caveira", porque associam com violência e agressão e preferem ficar no seu comportamento básico e padrão com medo de se tornarem agressivos em vendas, com medo do sucesso, enfim, se limitam com essas crenças que não são verdades absolutas.

O COACHING E A AGRESSIVIDADE EM VENDAS

Meu primeiro contato com o Coaching foi em 2006, quando comecei um processo como coachee. O meu fascínio pelo Coaching se deve ao fato de como ele nos permite aumentar a nossa performance pessoal a partir de nós mesmos. Muitas vezes eu ficava agoniada nas sessões com as perguntas poderosas, que me deixavam a princípio sem respostas, mas que depois me proporcionavam aquela sensação maravilhosa de descoberta e me deixavam pensando "caraca, eu tinha a resposta!" Sou fã de carteirinha desse processo de desenvolvimento!

Os profissionais Coaches, a partir do CHA em vendas, podem trabalhar uma bagagem incrível de conhecimento, habilidade e atitude de diversas formas com os profissionais de vendas. Cabe aqui até expressar uma vivência minha durante a coordenação dessa obra, que foi assistir ao declínio de vários profissionais Coaches que queriam participar da obra, mas desistiram por não ser da área de vendas e não se considerarem aptos a encarar o desafio. Posso afirmar que alguns desses declínios estavam correlacionados a crenças limitantes desses profissionais que acreditam que para fazer Coaching com profissionais de vendas precisam ser da área de vendas. Tudo do CHA em vendas pode ser trabalhado pelos Coaches, não havendo necessidade de que eles sejam da área de vendas.

Voltando às diversas formas de trabalhar a agressividade em vendas, posso citar algumas, conforme abaixo:

1) O coachee (vendedor ou líder de vendas) procura o profissional Coach porque quer desenvolver a agressividade em vendas, ou seja, o coachee simplesmente verbaliza ao Coach que quer ser mais "agressivo em vendas";

2) O coachee quer desenvolver a agressividade em vendas no sentido de ser mais arrojado em alguma habilidade específica do CHA em vendas, ou seja, o coachee quer ser mais arrojado em prospecção de clientes, por exemplo. Nesse caso, temos uma combinação da atitude agressividade com foco na habilidade de prospectar;

3) O coachee quer ser mais arrojado, ou seja, mais agressivo na abordagem aos clientes. Novamente temos outro combinado entre a atitude agressividade e a habilidade de abordagem;

4) O coachee quer ser mais agressivo no fechamento dos negócios, e por aí vai. Os coachees poderão verbalizar que querem desenvolver a agressividade em todas as habilidades do CHA em vendas;

5) O coachee pode querer desenvolver a abordagem aos clientes de forma mais agressiva, no que diz respeito ao conhecimento de mercado e da concorrência, ou seja, aqui temos uma mistura de dois conhecimentos + uma habilidade + atitude, e dessa forma podem nascer várias outras combinações.

Podemos considerar ainda que algum coachee, seja ele vendedor ou líder de vendas, também poderá requisitar ao Coach que deseja diminuir sua agressividade, por considerar que está cometendo excessos em seu processo de vendas. Essa hipótese acontece com frequência. Às vezes os profissionais de vendas engrenam um ritmo próprio tão dinâmico que pode até lhes fazer mal, ou provocar mal nos outros, sejam eles colegas, familiares, subordinados, clientes, enfim, com todas as pessoas de seu convívio social e profissional.

Quando um coachee, profissional de vendas, procura um Coach para performar melhor em seu trabalho, o CHA funciona como mapa para ambos, Coach e coachee, pois normalmente o objetivo agressividade em vendas está associado a algum conhecimento, habilidade e atitude que já existe lá e o coachee quer dar uma turbinada, ou seja, quer aumentar sua performance em algum ponto específico do CHA, ou o coachee de fato quer desenvolver atitudes arrojadas e dinâmicas que darão a ele o perfil agressivo por elas mesmas.

Ah, também precisamos imaginar os casos em que o coachee ainda não tem muito claro o objetivo dele, e apenas rascunha verbalmente uns briefings em torno da agressividade em vendas, que no decorrer das sessões ficarão mais claros e específicos.

Em todas as formas acima, as ferramentas do Coaching a serem utilizadas serão bem parecidas. O mais importante até aqui é entender bem o conceito da "agressividade em vendas", para a partir desse entendimento conduzir com mais autoridade o processo de Coaching. Tão importante, também, é conhecer o CHA das vendas como mapa orientador, no sentido de "falar a mesma língua" do profissional de vendas.

Algumas ferramentas que sugiro aos profissionais Coaches para trabalhar a agressividade em vendas são:

1) Utilizar perguntas poderosas bem específicas como:

a) Qual é o seu maior desafio?

b) O que você gostaria que acontecesse após essas sessões?

c) Como você gostaria que as coisas fossem diferentes?

d) Onde você espera que as coisas sejam diferentes?

e) Você acha mais importante desenvolver ações, pensamentos ou sentimentos?

f) Quais os recursos que você tem?

g) O que está segurando você?

h) O que impediu você até o momento?

i) Por onde você quer começar?

j) O que você pode fazer agora para começar a realizar seu objetivo?

k) Alguém já fez o que você deseja alcançar? Quais foram os primeiros passos?

l) Se você falasse para alguém realizar esse objetivo, por onde ele deveria ser iniciado?

m) Qual o primeiro passo para mudar essa situação?

n) O que você pode fazer agora?

o) Como você considera que podemos atingir esse objetivo?

p) Que pesquisa você poderia fazer para ter mais ideias?

q) Se você se tornasse um vendedor/líder agressivo, como você seria?

    2) **Ferramenta – Resultados Esperados**

    3) **Ferramenta – Especificação de Objetivos**

    4) **Ferramenta – Roadmap**

    5) **Ferramenta – Projeção de Objetivos na Linha do Tempo**

CONCLUSÃO

O objetivo deste capítulo era trazer a agressividade em vendas em um contexto diferente, ou seja, com um olhar específico da área de vendas, traduzindo o que a princípio pudesse ser um comportamento ruim para uma nova ótica, onde a agressividade em vendas seja vista tanto por vendedores quanto líderes de vendas, bem como pelos profissionais de Coaching, como uma atitude aliada para aumentar a performance em vendas. Ser agressivo em vendas significa, então, de forma prática e didática, se tornar um profissional de vendas mais dinâmico e arrojado. Espero que, após a leitura deste capítulo, os leitores que possuíam crenças quanto à agressividade possam se permitir a partir de agora ter um novo olhar sobre os treinamentos e estilos agressivos de vendas, sem julgamentos precoces e implacáveis, e se permitam, ainda, desenvolver atitudes agressivas para o atingimento de suas metas. Espero que eu tenha conseguido também direcionar melhor os profissionais Coaches, que não são da área de vendas, esclarecendo um pouco mais como o Coaching se aplica a essa área.

Em um determinado período da minha vida, eu comecei a fazer terapia, e acabei desenvolvendo a opinião de que todos nós deveríamos fazê-la, pois ela nos ajuda muito a lidar com nossas emoções, com questões intimamente complexas que somente esses profissionais terapeutas sabem como nos ajudar a resolver. A mesma opinião eu tenho sobre o Coaching. Todo profissional que quer performar melhor, e não sabe como fazê-lo sozinho, deve procurar um profissional Coach para ajudá-lo a encontrar as respostas que já existem e só precisam ser cutucadas pelas ferramentas do Coaching!

REFERÊNCIAS BIBLIOGRÁFICAS

http://www.vendamais.com.br/em-tempos-de-crise-voce-precisa-ser-agressivo/-Fabrício Medeiros

Apostila Alta Performance em Vendas – Abordagem – Raul Candeloro

Livro de Metodologia Personal & Professional Coaching. Sociedade Brasileira de Coaching. Villela da Matta Flora Victoria. SBCOACHING Editora. Rio de Janeiro, 2012.

10

COACHING
aplicado à área de **VENDAS**

Ramon Enoc

Alta performance em vendas

Ramon Enoc

Palestrante, Master Coach Integral Sistêmico, com certificado internacional pela Flórida Christian University, Practitioner em PNL licenciado, com certificação internacional pela The Society of NLP™ e Richard Bandler®, Inteligência Emocional, Business Coach, Executive Coach, Life Coach, Analista Comportamental, consultor do SEBRAE nas áreas de Vendas, Atendimento ao Cliente e Liderança. Mais de 15 anos de experiência em vendas e atendimento. Bacharel em Ciências da Computação e especialista em Gestão Estratégica de Negócios pela UFRN e pós-graduação em andamento de Coaching & Liderança pela UCDB (Universidade Católica Dom Bosco).

(84) 99820-4020
ramonenoc@gmail.com
www.ramonenoc.com.br

Grandes profissionais de vendas têm metas e objetivos, sabem onde querem chegar, têm visão clara do seu futuro. Como podemos ser os melhores? O que fazer para construir resultados diferentes e positivos? Como ter uma vida mais feliz e próspera?

Mude sua vida através do uso diário dessas simples frases e seja um vendedor de Alta Performance.

Estava me questionando: "Por que eu não escrevo apenas sobre as Técnicas de Vendas, afinal de contas, tudo é venda hoje em dia?" Tenho observado em minhas palestras e treinamentos que, além da motivação, as pessoas buscam conhecimento, conteúdo. No entanto, existem milhares de livros de vendas abordando técnicas modernas e poderosas que são fundamentais num processo de venda.

Em muitas de minhas palestras inicio com a pergunta: "Qual a sua expectativa de futuro?" Pronto! É o suficiente para muitos gelarem, mudarem de cor, ficarem nervosos e suplicar para serem abordados com esse questionamento. Nesse momento, percebo que a maioria não tem metas e objetivos para o futuro, privam-se de sonhar, de se imaginarem numa posição mais confortável e mais feliz, vivem no automático.

Nesse ínterim, convido você para um passeio e conhecermos a Loja Venda Mais de "Seu Manoel". Trata-se de uma loja diferenciada na qual os funcionários sentem prazer em trabalhar e cumprem todas as metas estabelecidas. Talvez esteja pensando: "Só pode ser utopia uma loja dessas, um conto de fadas!" Mas, sem perdermos tempo, vamos ao nosso passeio e descubramos qual o segredo.

Logo ao entrarmos na loja de "Seu Manoel", notamos uma diferença quanto ao atendimento. Somos recepcionados com um belo sorriso e uma simpatia sem fim de sua atendente. Depois de uma gostosa conversa, ela pergunta o que procuramos naquele momento, e prontamente respondemos que desejamos conversar com "Seu Manoel". Sem demora, ela nos conduz até uma sala reservada e pede para aguardarmos enquanto ela anuncia a nossa presença. Enquanto aguardamos, vem outra moça com uma bandeja e nos oferece o tradicional café da região.

Estamos encantados pelo cuidado e carinho dispensados. Ao chegarmos à sala de "Seu Manoel" somos surpreendidos por um largo sorriso e um forte abraço. Nesse momento, inicia-se uma calorosa conversa e passados alguns minutos perguntamos qual o segredo de tanto sucesso. Ele sorri e passa a contar-nos algumas de suas estratégias para conseguir ter sua loja em constante crescimento. Com isso, descobrimos a primeira dica de como ser um vendedor de sucesso:

1) Todo grande vendedor sabe aonde quer chegar. Tem metas e objetivos bem definidos. Tem a visão clara do seu futuro, de onde quer chegar.

Daí eu pergunto a você, leitor: "Por que você trabalha? Quais os seus objetivos de vida? Quais os seus objetivos profissionais?" Ou você me diz que trabalha apenas para pagar as contas? Será que você diz: "Pagando as contas eu estou tranquilo, feliz"?

Se você, como vendedor ou outro profissional, quer ter sucesso, quer ter alta performance, precisa saber aonde chegar. Vale a pena trabalhar para conquistar seus objetivos.

Continuando nossa conversa, perguntamos como ele conseguiu conquistar todos os seus objetivos. E com um brilho no olhar disse-nos que não fora fácil, precisou eliminar muitas crenças que limitavam o seu crescimento. Mas deixou-nos mais uma dica extremamente importante:

2) Vendedores de sucesso precisam ter a atitude correta, comunicação assertiva e uma fisiologia corporal positiva.

Vendedores fracassados não conseguem gerenciar sua comunicação, postura e não possuem a atitude positiva para atender seus clientes. Já um vendedor de sucesso, de alta performance, tem uma postura campeã, corpo ereto, tom de voz cativante. Mente e corpo fazem parte do mesmo sistema cibernético. Quando o corpo está pobre, a mente fica pobre. Agora, quando o corpo está vibrante, rico, a mente ficará rica também, e é nesse momento que você começa a transformar sua vida de escassez numa vida abundante.

Para que isso aconteça é necessário você ativar o seu estado de recursos, não permitir o desânimo, a preguiça. Antes de começar o trabalho ponha-se num estado de vitória – YES, YES, YES! –, pule, ouça uma música impactante e depois saia, como um campeão, para fechar inúmeras vendas e fazer o seu cliente a pessoa mais feliz do mundo.

Lembre-se: UM CORPO VITORIOSO GERA RESULTADOS VITORIOSOS!

E a conversa com "Seu Manoel" seguia muito descontraída e feliz. Num dado momento ele ficou sério e disse algo fundamental:

3) Não adianta ter objetivos, atitude, comunicação, postura e esquecer-se do cliente. Precisamos focar nossa energia em estratégias para conquistar e manter o nosso cliente. Ele é o nosso principal patrimônio.

Infelizmente, muitas empresas e vendedores não se preocupam em fidelizar o cliente. Eles têm o desejo de aumentar a base e na medida em que conquistam novos clientes muitos outros saem e as vendas não aumentam. Precisamos conquistar novos clientes sim, mas nos preocuparmos em manter os existentes e com isso aumentar a nossa base. Como fazer isso?

<u>*NUNCA MAIS SATISFAÇA O SEU CLIENTE!*</u>

Talvez estejam pensando que sou louco, ou que escrevi errado. Mas é isso mesmo. A partir de hoje, você está proibido de satisfazer o seu cliente. Satisfazer é fazer o que ele espera, entregar o produto ou serviço que foi buscar. Então, a partir de hoje você irá ENCANTAR o seu cliente, superar as expectativas dele. Faça diferente do mercado, faça diferente da concorrência. Perceba: o produto em si não é mais o diferencial. Todos têm bons produtos, competitivos, mas nem todos têm pessoas competitivas, engajadas, comprometidas em dar o melhor atendimento ao seu cliente.

Pesquisas foram realizadas e constataram que a maioria das pessoas SATISFEITAS não volta. Como explicar esse fenômeno?

Faltou o algo mais, o famoso "Tchan!" no processo de venda. O que vai fazer a diferença numa venda é o bom atendimento, a sua capacidade de surpreender, ENCANTAR o seu cliente.

Engana-se quem pensa que vendedores são rejeitados por causa de preço ou do produto. A grande maioria das empresas e profissionais de vendas é rejeitada pelo seu relacionamento, pela qualidade do atendimento, pela empatia, simpatia, pela preocupação em atender as necessidades do cliente, não apenas em vender.

No processo de venda, além dos produtos, venda também relacionamentos, interação humana e dessa forma esse cliente te procurará sempre.

Depois de um bom tempo conversando, "Seu Manoel" nos convidou para conhecer toda sua loja, bem como algumas particularidades. Durante esse passeio ele nos falou de sua preocupação em estar gerando uma boa experiência para o seu cliente. Ele disse que não se preocupava apenas em vender, mas que o momento de venda fosse um momento agradável, forte, importante para aquele cliente. Ele comentou sobre como podemos gerenciar as experiências de nossos clientes:

4) Gerenciando experiências:

a. Experiência de compra: você dar ao seu cliente a melhor experiência no quesito atendimento, fazendo com que ele se sinta um ser humano;

b. Experiência de uso: o produto ou serviço ofertado realmente é o certo e atende, de fato, as necessidades do seu cliente;

c. Experiência relacional: extremamente importante. Manter o contato com seu cliente, fazer o famoso pós-venda: ligar, mandar e-mail, mandar mensagens, fazer uso correto das redes sociais. Faça com que seu cliente se sinta importante.

Qual tipo de experiência você vem gerando ao seu cliente? Sinceramente, analise o último cliente atendido por você. Você gerou uma experiência boa, produtiva, feliz, positiva, ou você perdeu a paciência, pois o cliente era muito chato e você "sabia" que ele não iria comprar? Pense bem nisso antes de atender o seu próximo cliente. A única coisa que ele quer é ser bem atendido.

✦ ✦ ✦

"VENDA SONHOS, NÃO VENDA SÓ PRODUTOS!"
Steve Jobs

✦ ✦ ✦

A cada minuto passado, ficávamos ainda mais surpresos com a visão clara do que "Seu Manoel" queria para o futuro, bem como as estratégias que ele utilizava para fazer seu negócio prosperar. Percebemos que, assim como todo empresário, ele enfrentava a crise, dificuldades, período de baixa e sazonalidade, mas não se deixava abater com esses problemas e sempre se perguntava: "O que eu posso fazer de diferente para que meu cliente volte a minha loja e ainda conquiste os novos?" Ficamos intrigados com esse pensamento, pois por onde passávamos, noutros estabelecimentos, só escutávamos os proprietários reclamando e resmungando como as coisas estavam difíceis e que não sabiam o que fazer. Chegavam ao cúmulo de culpar o cliente que não estava comprando. Não me segurei e perguntei quais as técnicas que ele usava para conquistar os clientes. Ele me respondeu perguntando como eu havia sido recepcionado em sua loja. Eu sorri e disse que havia sido recepcionado com um belo sorriso da atendente e ainda com um delicioso café. Sorrimos juntos e ele comentou que há uma dificuldade muito grande em fazer as pessoas sorrirem, especialmente nos tempos modernos, com tanta tecnologia e as pessoas muito conectadas. E nos treinamentos que ele dá aos seus funcionários mostra que o primeiro contato com o cliente deve ser com um sorriso, pois em qualquer processo de venda ou negociação o cliente possui uma natural resistência inicial, com receios, melindres. Nesse momento, um sorriso ajudará a "quebrar o gelo" e a conquistar a confiança do cliente. "Seu Manoel" comenta conosco sobre as várias técnicas que existem, mas sobre as que funcionam no negócio dele:

5) Técnicas de vendas:

1ª técnica – ABORDAR O CLIENTE: buscar quebrar a resistência inicial, conquistar a confiança. Existem algumas dicas:

a. Sorria: olhe o cliente nos olhos e sorria.

b. Cumprimente o cliente: junto com o sorriso, cumprimente-o com voz firme e tom crescente. Evite dizer a pior frase que existe num processo de venda: "Posso ajudar em qualquer coisa?", pois atrairá uma resposta padrão: "Não, estou só dando uma olhadinha!" Nesse momento você poderá ter perdido a venda. NÃO DEIXE O CLIENTE À VONTADE! Interaja com ele e use bem a próxima dica...

c. Pegar o link: iniciar uma conversa informal que não seja venda. Nesse ponto, precisará de muita atenção por parte do vendedor, pois ele verá como a pessoa está vestida, qual o sotaque dela (é ou não turista), caso esteja com uma camisa de um time de futebol interaja sobre os últimos resultados, enfim, seja observador e converse com seu cliente e após essa conversa ficará mais fácil iniciar uma venda.

"Pesquisa aponta que 79% dos funcionários brasileiros sorriem ao ver um cliente entrar na loja. Na Irlanda, país que ficou em primeiro lugar, o percentual é 97%. Ficamos à frente apenas do recatado Japão. Ou seja, de cada dez clientes que entra na loja, dois não foram recebidos com um sorriso. Pode parecer pequeno, mas, quando se analisa de maneira macro, torna-se um número bas-

tante preocupante. O ambiente de preocupação na economia parece ter contaminado o humor de quem trabalha no comércio brasileiro" (fonte: Shopper Experience).

Quem diria, o "país do futebol", do carnaval, das pessoas de sorrisos frouxos, ficou em penúltimo lugar na pesquisa. Mas o que podemos fazer para mudar essa visão? Ou mudar meus resultados? Primeiro passo, SORRIA. Posso garantir que não vai te fazer mal nenhum, ao contrário, ajudará no seu bem-estar e na liberação de hormônios do prazer e da felicidade.

2ª técnica – PESQUISE AS NECESSIDADES DOS CLIENTES: descobrir o que o cliente deseja, de maneira racional e emocional, através de perguntas poderosas.

O profissional de vendas é um provedor de solução, pois ele descobre as necessidades mais secretas dos seus clientes. Ele só consegue isso através das PERGUNTAS, com as quais ele sonda, diagnostica e com as respostas irá atender as necessidades dos clientes.

Perguntas bem formuladas e focadas no cliente irão gerar boas respostas e ajudarão o cliente a reconsiderar e até mesmo pensar em outras possibilidades. Um bom profissional de vendas faz muitas perguntas, nunca deixa o cliente à vontade.

<u>*DICA: SEMPRE DESCUBRA O QUE O CLIENTE QUER E PARA QUE ELE QUER!*</u>

3ª técnica – DEMONSTRANDO O PRODUTO OU SERVIÇO: mostre os benefícios que o cliente terá em adquirir o produto ou serviço, mas sempre atentando para as necessidades do cliente.

Depois de todas as etapas iniciais, continue pensando e focando no seu cliente. Analise as reais necessidades dele e apresente o produto certo, com os benefícios certos, sempre descobrindo qual o desejo do cliente. No entanto, de nada adiantará se não houver entusiasmo na apresentação do produto. Vibre, demonstre alegria ao vender. O seu cliente perceberá. E lembre-se: GRANDES VENDEDORES VENDEM BENEFÍCIOS.

Faça seu cliente experimentar o produto, tocar nele, ter a percepção da necessidade de ter aquele produto ou serviço. Toda venda é situacional, quando perceber o sinal de compra, feche a venda.

4ª técnica – CONTORNANDO OBJEÇÕES: Como? Fazendo perguntas poderosas! Descubra o real motivo. Não importa qual objeção, permaneça tranquilo e sonde, pergunte, diagnostique.

Você, vendedor, é o vetor de mudança na vida do seu cliente. Não permita que ele vá embora sem antes descobrir a necessidade dele. Faça perguntas. O que te impede? Qual o motivo pelo qual o senhor não quer comprar? Qual, especificamente, o problema que está te impedindo de levar o nosso produto, ou de contratar nosso serviço?

Muitos vendedores têm medo da objeção. Quando um cliente disser um "NÃO", não é um "NÃO" definitivo, é apenas um "AINDA NÃO", é um "NÃO POR ENQUANTO". Nesse momento, você, VENDEDOR, precisará mostrar para ele como ele pode ter suas necessidades atendidas, ou seja, se você ajudá-lo a como resolver as objeções, ele comprará. O profissional de vendas não deve se desesperar com as objeções, ele precisa administrar as objeções e fechar as vendas.

5ª técnica – Vendas adicionais: o vendedor profissional não vende apenas o que o cliente veio comprar, ele adiciona mais produtos.

6ª técnica – Fechamento da venda: venda é situacional. Quando o cliente der o sinal de compra, feche a venda. Faça o cliente confiar em você, use a técnica da Sugestão no fechamento e sempre adicione mais produtos.

Eu estava entusiasmado com a atenção e a franqueza no falar de "Seu Manoel". Contou-nos algumas das várias técnicas que ele usa no processo de vendas, e o melhor, sem nos cobrar nada por isso. Mas ele nos disse algo importante:

<u>MOSTRE QUE O CLIENTE É IMPORTANTE PARA VOCÊ!</u>

E nesse momento caíram várias fichas da importância no atendimento que fornecemos ao nosso cliente. Será que estou dando o meu melhor? Estou demonstrando amor e carinho pelo meu cliente? Ou o trato apenas como mais um?

"Seu Manoel" pediu-nos desculpas, pois teria de se ausentar para um compromisso, nos deu um forte abraço e deixou em aberto o convite para voltarmos e tomarmos um café. Saímos da loja daquele homem vibrantes e com a certeza de que é possível tornar-se um vendedor e uma pessoa de alta performance, mas que precisaríamos mudar a nossa visão quanto à forma como estávamos vendendo e atendendo nosso cliente.

Eu não conheço ninguém que tenha desistido no meio do labirinto. Todos procuraram por uma saída, porque sempre há uma. Só é preciso o tempo necessário para explorar todas as hipóteses até que você alcance o seu objetivo. Quantas vezes você desistiu de um objetivo em sua vida antes de ter explorado todas as opções?

Às vezes não paramos de vender, não perdemos o talento, apenas perdemos a vontade de vencer!

É possível ser um grande profissional de vendas, ser um vendedor de Alta Performance. Explore a Loja Venda Mais do "Seu Manoel", busque conhecimento e seja diferente dos demais.

✦ ✦ ✦

"A primeira regra da sobrevivência é clara:
nada é mais perigoso do que o sucesso de ontem."
Alvin Tofler

✦ ✦ ✦

11

COACHING
aplicado à área de
VENDAS

Raul Candeloro

Check list para dar feedback inteligente, produtivo e motivador a um vendedor usando técnicas de Coaching

Raul Candeloro

É diretor da VendaMais, autor de mais de 15 livros sobre vendas, consultor e palestrante.

www.raulcandeloro.com.br
www.vendamais.com.br

Reuniões periódicas de feedback são não apenas obrigação e dever de um líder de vendas, mas também uma grande ferramenta de melhoria contínua e motivação da equipe comercial.

Uma boa conversa – franca, aberta, objetiva – é MUITO produtiva e faz com que essas reuniões passem a ser altamente motivadoras.

A energia é alta, a criatividade flui, os vendedores sentem-se valorizados.

Uma boa reunião com seu gerente ou diretor pode ser o ponto alto do mês de qualquer vendedor numa empresa – se bem conduzida. Senão, passa a ser apenas um entrave burocrático desmotivador, algo que é visto como pura perda de tempo.

Para evitar que isso aconteça, criei um check list de feedback recomendado para essas horas.

Se você é líder (diretor/gestor/gerente/supervisor), a ideia é usar essa lista como 'pauta', utilizando a sequência para dar ritmo e foco à conversa.

Se você é liderado (gerente/supervisor/vendedor), utilize essa sequência para fazer uma apresentação ao seu chefe. Com certeza ele/ela ficará muito impressionado com sua assertividade e profissionalismo. Se você é Coach, tem aqui um excelente roteiro para direcionar suas sessões ao trabalhar especificamente com coachees da área comercial.

Na VendaMais, para organizar nossos trabalhos editoriais e os meus nos treinamentos, criei um 'framework' que segue o princípio do **CHA**, tão utilizado nos departamentos de Recursos Humanos (CONHECIMENTOS, HABILIDADES, ATITUDES). O que eu fiz foi adaptar o CHA especificamente para a área comercial. Fui pesquisar entre os assinantes da VendaMais, os nossos clientes de treinamentos e consultoria e em bibliografia especializada quais eram os CONHECIMENTOS, HABILIDADES E ATITUDES específicos para o sucesso em vendas. Saiu dali o meu **CHA das Vendas**, hoje amplamente utilizado por muitas empresas, professores e consultores.

A seguir, os seis CONHECIMENTOS, oito HABILIDADES e dez ATITUDES que todo vendedor precisa ter se quiser alcançar o sucesso:

CONHECIMENTOS:
- Conhecimento da empresa
- Conhecimento de produto

- Conhecimento de mercado
- Conhecimento do cliente
- Conhecimento da concorrência
- Conhecimentos gerais/específicos do setor ou ramo

HABILIDADES
- Preparação e planejamento
- Prospecção
- Abordagem
- Levantamento de necessidades
- Proposta de valor
- Negociação
- Fechamento
- Pós-venda

ATITUDES
- Foco
- Comprometimento
- Motivação
- Inteligência emocional
- Iniciativa
- Autodesenvolvimento
- Persistência
- Ética
- Criatividade
- Resiliência

O roteiro de feedback que apresento a seguir está baseado neste tripé do framework do CHA das Vendas e tem feito a grande diferença na carreira de muitos profissionais da área de vendas.

1) **Comemoração:** quais foram três vitórias/conquistas pessoais ou profissionais nos últimos 30 dias?

2) **Dificuldades:** quais foram as três maiores dificuldades, pessoais ou profissionais, pelas quais você passou nos últimos 30 dias?

3) **Prioridades:** quais são as três coisas mais importantes sobre as quais precisamos ter 100% de certeza de abordar nesta reunião?

4) Projetos: quais são os projetos/clientes/oportunidades mais importantes nos quais você está trabalhando? Como está o andamento e quais são os resultados?

5) Decisões: quais são as decisões mais importantes que você tomou no mês passado? Quais foram os resultados?

6) Revisão de números: % de alcance da meta, mix de produtos/serviços trabalhados, % média de desconto etc.

7) Conclusões: analisando esses números, quais as principais conclusões?

8) Melhoria: o que deve ser feito para manter ou melhorar esses números? Quais pontos do CHA das Vendas precisam de atenção especial?

9) Ajuda: quais são as decisões mais importantes que você precisa tomar este mês e como posso ajudá-lo/a a alcançar o melhor resultado?

10) Pendências: usando como referência o CHA das Vendas, suas prioridades e os objetivos/metas que tem para atingir, quais são as decisões que NÃO tomou e/ou que está demorando para resolver? Alguma pendência?

11) Sugestões: o que não está funcionando na nossa empresa e pode ser melhorado?

12) Oportunidades: qual é uma grande oportunidade que você acha que existe na qual ainda não estamos trabalhando?

13) Iniciativa: o que podemos fazer para começar a desenvolver essa oportunidade?

14) Encerramento/recapitulação:

- Quais são seus principais objetivos para este próximo mês?
- Quais são as coisas mais importantes a fazer para atingir esses objetivos? (Revisão rápida do CHA.)
- Plano de ação.

Veja que conversa produtiva acabamos de ter. Melhor ainda: fica tudo documentado, o que permite facilmente recuperar essas informações no mês seguinte, antes da próxima conversa.

Comece a usar este check list, baseado no CHA das Vendas e nos conceitos de Coaching, e veja a produtividade das suas reuniões de feedback de vendas disparar.

Abraço e boas vendas.

12

COACHING
aplicado à área de **VENDAS**

Renata Lavôr

Foco e produtividade

Renata Lavôr

Administradora, palestrante e consultora de negócios.
Trainer pela SBPNL; Personal e Executive Coach pela SBC;
Programação Neurolinguística em Vendas pela SBPNL.

(87) 9 9998-4601 / (87) 9149-0247
www.renatalavor.com.br

IDENTIFICAÇÃO DOS SABOTADORES E REPROGRAMAÇÃO DE CRENÇAS LIMITADORAS

Sabotadores são elementos mentais automáticos que frequentemente nos bloqueiam para atingir o bem-estar pessoal e profissional. Criamos sabotadores para as mais diversas situações, e estes cumprem a sua missão trazendo sentimentos de derrota, conflitos emocionais e confusão mental. Um bom exemplo é a sensação repentina de culpa quando estamos em um estado de bem-estar e felicidade. Estando cercados por sabotadores, notamos uma constante substituição dos pensamentos positivos por dúvidas e inseguranças, que representam a manifestação dos nossos autossabotadores. No caso específico dos profissionais de vendas, os sabotadores tiram o foco e contribuem para a baixa produtividade.

Este artigo tem como propósito apresentar as principais características dos profissionais de vendas e as atitudes sabotadoras mais frequentemente associadas, bem como alternativas para fugir desse problema com simples atitudes que trazem a mudança e conduzem ao sucesso pessoal e profissional.

O PROFISSIONAL EM VENDAS E SUAS CARACTERÍSTICAS

Muitos vendedores encontram-se na profissão por acaso ou conveniência, e nem sempre gostam ou conhecem os reais méritos da profissão, por pensar que exige apenas o bom relacionamento com o público. Estes pensamentos equivocados podem levar o profissional a não compreender sua profissão, impedindo o cumprimento de metas, o ganho de comissões e a consequente frustração que o conduz a desistir da profissão.

Um bom vendedor deve reconhecer o valor da sua profissão e ter orgulho deste cargo que movimenta o mundo e seus mercados. Suas metas profissionais devem ser encaradas da mesma forma que outras metas estipuladas em sua vida, como a casa própria ou o carro novo, a viagem dos sonhos e a formatura dos filhos. A busca pelo sucesso profissional será a força motriz para seguir em frente e realizar seus sonhos, acreditando no seu potencial em alcançá-los.

O ato de vender não se encerra com o comprar, mas deve representar um plano que conduz a uma mudança de atitude, uma transformação da realidade, influenciar pessoas, negociar. Além de produtos e serviços, constantemente temos de vender nossas ideias, nossos projetos, vender opções, um plano estratégico. Todos os pais deveriam ensinar seus filhos a vender, pois é uma das competências que mais constroem habilidades para o sucesso profissional.

Assuma que você é um bom vendedor e assim reúna disposição para abrir portas fechadas, receber seus clientes, cumprir suas metas e ser um campeão, e não apenas movido pelo objetivo final de ganhar o campeonato, mas pelo prazer diário de disputar cada partida. Além disso, elimine comportamentos sabotadores que te impedem de conquistar sonhos, objetivos e projetos para sua vida.

AS CINCO PRINCIPAIS ATITUDES QUE SABOTAM OS PROFISSIONAIS EM VENDAS

Defino sabotadores como pequenos vícios que discretamente atrapalham a pessoa no seu dia a dia, e que se tornando recorrentes acabam por destruir carreiras, relacionamentos, negócios, ou seja, a felicidade e o bem-estar do indivíduo como um todo. No fundo os sabotadores impedem que a pessoa seja bem-sucedida naquilo a que se propõe realizar.

1. DESMOTIVAÇÃO – A rotina do trabalho diário nem sempre é dinâmica, agitada e repleta de boas notícias, o que pode naturalmente trazer desmotivação e desânimo. Procure manter um bom relacionamento com seus colegas e supervisores, evitando focar a sua atenção nos problemas. Lembre-se de que as falhas podem ser vistas como experiências que trazem uma aprendizagem, e assim um efeito final positivo. Otimize o seu tempo livre criando estratégias para melhorar o seu trabalho, e constantemente reformule seus planos e reveja seu comportamento, procurando converter as condutas negativas em uma força motivadora, objetivando um ambiente de trabalho sempre promissor.

2. ANSIEDADE – Este elemento está presente na vida de muitos profissionais, cuja causa pode estar ligada a inúmeros fatores, como a preocupação com as metas, a improdutividade e o cansaço físico. Este comportamento, se não trabalhado adequadamente, pode afetar não apenas a saúde física como causar uma sobrecarga psicológica nos profissionais. Evite autocobranças excessivas e tente relaxar, descansar e manter hábitos saudáveis que se tornarão um diferencial positivo para sua vida. A meditação pode ser uma boa alternativa para estes momentos de ansiedade.

*"Nossa ansiedade não esvazia o sofrimento do amanhã,
mas apenas esvazia a força do hoje."*
(Charles Spurgeon)

✦ ✦ ✦

3. DESORGANIZAÇÃO – Se você é aquele profissional que sente dificuldade em se organizar perante a sobrecarga de trabalho e metas a cumprir, é importante criar e seguir uma rotina diária de atividades. Fazer uso de uma agenda ou mesmo criar uma planilha de tarefas, por exemplo, podem ser importantes neste processo de organização.

4. FALTA DE FOCO – Se neste ano seu maior sabotador foi a falta de foco, é importante observar este elemento imediatamente. Para ter foco no que realmente é importante, uma ótima dica é listar uma ordem de prioridades, facilitando identificar o que é urgente e o que pode esperar, evitando ultrapassar prazos e acumular serviço. Quando há trabalho pendente, a atitude inicial deve ser evitar conversas paralelas, ligações pessoais e até mesmo as redes sociais. Deixe estas atividades para os momentos de intervalo.

*"Reserve algum tempo de seu dia, pare e pense em suas prioridades,
assegurando-se de que está usando bem cada minuto."*
(Brian Tracy)

✦ ✦ ✦

5. PROCRASTINAÇÃO – Significa adiamento de uma ação, a conhecida mania de deixar tudo para depois. O psicólogo Joseph Ferrari no seu livro Procrastinação relata que "a maioria de nós começa o dia procrastinando, ao apertar aquele botão do despertador que permite ficarmos na cama por mais cinco minutinhos". Quando procrastinamos deixamos de fazer algo, e se continuamente adiamos atividades seria interessante analisar quais são estes momentos. Quando temos uma obrigação e optamos por fazer algo menos importante, estamos inconscientemente assumindo a pouca importância que damos àquela atividade. Deve-se observar as sensações corporais, sentimentos e pensamentos que nos ocorrem nessas situações, e eventualmente procurar alternar atividades agradáveis e desagradáveis.

O COACHING VAI AO ENCONTRO DESSE PROBLEMA "VENENOSO" NA ÁREA DE VENDAS

O Coaching é um processo acordado entre duas pessoas, no qual o Coach (treinador) e o coachee (treinando) unem experiências visando atingir uma meta/propósito determinado pelo coachee. É um processo aberto, técnico, claro, que permite ao Coach enxergar e traçar perfis e objetivos. O Coaching representa a ação administrativa mais comum para desenvolver habilidades de vendas, pois requer um nível básico de eficiência e é ótimo para refinar habilidades.

Além dos sabotadores aqui apresentados, é importante frisar a existência de crenças limitadoras, que abordaremos a seguir.

CRENÇAS LIMITADORAS: COMO REPROGRAMÁ-LAS?

Todos nós adquirimos crenças ao longo das nossas vidas, algo em que acreditamos e que muitas vezes nos impede de pensar de forma diferente e traz uma limitação de pensamentos e atitudes. Essas crenças são conhecidas como crenças limitadoras, que são geradas pelas nossas vivências desde o momento em que nascemos. Durante a nossa infância e parte da nossa juventude somos basicamente "fruto" do meio em que estamos inseridos, da educação dos nossos pais e professores, da influência dos nossos amigos e familiares e até mesmo da comunicação social. Se as nossas experiências foram positivas, as nossas crenças serão de conforto e segurança, mas, se essas experiências foram negativas, podemos assim ter adquirido crenças que venham a nos limitar no futuro.

As crenças limitadoras são os maiores sabotadores na vida pessoal e profissional, e estas não podem ser eliminadas, sendo que a melhor alternativa é reprogramá-las, trocando uma crença limitadora por outra crença, a qual o Coaching denomina de crença facilitadora.

Entenda como isso afeta a vida do profissional em seus resultados, e nos seus relacionamentos:

CRENÇAS LIMITADORAS – São crenças que lhe diminuem as possibilidades, as capacidades, o poder de transformação e crescimento. Crenças que o impedem de obter melhores resultados, alcançar suas metas e ter uma alta produtividade.

Conheça a origem das crenças limitadoras que influenciam de forma negativa os seus resultados:

CAUSA - Você acredita que os resultados negativos são causados por fatores externos, como, por exemplo, o próprio trabalho: "A causa de eu me sentir deprimido é o meu trabalho".

SIGNIFICADO - Você atribui um significado negativo às suas experiências. Por exemplo, sempre que lhe fazem uma crítica você absorve como uma crítica à sua pessoa e não à sua atividade.

IDENTIDADE - Você acredita que possui traços de identidade que o impossibilitam de alcançar resultados positivos, tais como o medo, a timidez e a insegurança.

CRENÇAS FACILITADORAS – São crenças que ajudam as pessoas a alcançarem os seus objetivos, impulsionando ao sucesso pessoal e profissional. Por exemplo: "Eu acredito no meu potencial"; "Eu acredito que sou capaz"; "Eu acredito que tenho uma grande resistência"; "Eu acredito que tenho um excelente poder de persuadir, vou conseguir uma excelente carreira em vendas".

São estas crenças que influenciam a forma como vemos a vida e que controlam o que somos e o que seremos no futuro, por isso a importância de se superar e libertar de crenças que nos impedem de alcançar resultados extraordinários. Questione-se e observe as áreas da sua vida onde sente que não tem capacidade para evoluir. Perante uma crença limitadora, encontre uma crença facilitadora para substituí-la. Ao sentir-se inseguro, arrisque-se e aos poucos vai sentir-se mais seguro de si. O segredo está em manter a ação e o pensamento positivo, e principalmente o foco nas suas qualidades.

Aplique o princípio do Coaching no seu dia a dia: **FARM**

FOCO – **A**ÇÃO – **R**ESULTADO E **M**ELHORIA CONTÍNUA

✦ ✦ ✦

"Como o homem imagina em sua alma, assim ele é."
(Provérbios 23:7)

✦ ✦ ✦

Nossas crenças costumam orientar o rumo das nossas vidas e junto trazemos a mudança para a vida das pessoas com quem nos relacionamos, pois a fé nos motiva à mudança diariamente. Nossos pensamentos se transformam em palavras, e estas em atitudes, por isso é muito importante escolher pensamentos geradores de vida, e quando o fizermos as palavras e atitudes corretas surgirão.

Você pode ser uma pessoa melhor em todas as áreas de sua vida. Tenha fé, determinação e coragem. Pense de maneira saudável e positiva. Aprenda a fazer declarações positivas. Isso o ajudará a acreditar em si mesmo e a mudar seus hábitos negativos. Exclua de sua mente frases negativas, do tipo "não posso", "duvido", "acho que não vai dar certo", "não tenho tempo", "talvez", "não acredito", "é impossível", "não é para mim". Diga: "posso", "irei", "espero o melhor", "arrumarei tempo", "estou confiante", "acredito que todas as coisas são possíveis".

Vida é a soma das nossas escolhas. Seus maiores triunfos virão das coisas que você pensa, diz e faz - não das circunstâncias que a vida lhe apresenta, mas sim como você reage quando as circunstâncias se apresentam. A qualidade da sua vida é um resultado direto das escolhas que você faz. E cada momento na sua vida é uma escolha. O futuro aproxima-se no mesmo ritmo de sempre. Então preste atenção às suas escolhas e tenha a disciplina necessária para colocá-las em prática, pois são elas que moldarão, ativamente, o resto da sua vida. (Raúl Candeloro)

Tenha consciência de que o sucesso ou o fracasso em sua vida estão em suas mãos. Tudo dependerá das suas escolhas e atitudes. Você pode ter 20 ou 60 anos de idade que nunca será tarde demais para mudar de atitude.

Aproveite a oportunidade para conhecer frases ilustres que representam a atitude positiva que devemos assumir diariamente em nossas vidas:

"A chave para uma boa atitude é a disposição de mudar."
(Denise Soares)

✦ ✦ ✦

"A maioria das pessoas não faz ideia da capacidade gigante que temos quando focamos todos os nossos esforços em aprimorar uma pequena parte de nossas vidas."
(Anthony Robbins)

✦ ✦ ✦

"Eu não acredito que você deva ser melhor do que os outros. Eu acredito que você deve ser melhor do que você jamais pensou que poderia ser."
(Ken Venturi)

✦ ✦ ✦

"Não espere. O tempo certo nunca chegará. Comece onde quer que esteja. Com qualquer meio que tenha à disposição. Os melhores recursos você encontrará pelo caminho."
(Napoleon Hill)

✦ ✦ ✦

"A maior motivação de um homem deve estar em fazer as coisas para a glória de Deus e não em buscar o sucesso longe dEle".
(Rev. Fabiano Ramos Gomes)

✦ ✦ ✦

13

COACHING
aplicado à área de **VENDAS**

Ricardo Abel

Ferramentas de um vendedor Coach

Ricardo Abel

Economista; Master Coach Trainer através da International Association of Coaching Institutes; Master Trainer Internacional em Neurolinguística; MBA em Formação de Altos Executivos na FIA/USP; MBA em Gestão Empresarial-Finanças Corporativas na FGV/RJ.

Vinte e nove anos de carreira desenvolvida nas áreas administrativa/financeira e consultoria. Ministra cursos de formação em Coaching e PNL. Certificado internacionalmente em Executive Coaching e Coaching de Vida. Trainer em Programação Neurolinguística certificado pela International Association for NLP-IN, Associação Internacional de Institutos de PNL, Associação de PNL da Alemanha – DVNLP e European Coaching Association – ECA.

Coautor do livro "Ser Mais com Coaching" (Editora Ser Mais).

rabelcoach@gmail.com

O mercado de trabalho está diante de uma realidade na qual de um lado o aumento da população economicamente ativa e do outro a crescente redução de postos de serviços contribuem para que os postulantes aos cargos disponíveis, assim como os que já estão empregados, busquem, além da certificação acadêmica, outros meios que sejam um diferencial mercadológico. Isso acontece porque, nos processos de recrutamento e seleção, a qualificação já não é garantia de aprovação, fazendo com que os candidatos que mostrem como obter resultados e atingir objetivos e metas sejam os mais demandados.

O ambiente coorporativo exige dedicação integral dos profissionais de venda, na medida em que as organizações depositam neles o seu crescimento, obrigando-os a administrarem melhor o tempo para que não afetem o resultado esperado pela empresa nem a realização de suas atribuições.

Todavia, o que se nota nas empresas é, apesar da dedicação integral de seus colaboradores, a dificuldade com relação à sua auto-organização temporal.

Esse é o fator principal pelo estresse organizacional. Principalmente o tempo psicológico, que drena energias dos profissionais e faz com que deixem de exercer seus cargos com um Alto Desempenho.

As expectativas dos seres humanos desde o final do século XX e agora já no terceiro milênio proporcionam uma busca frenética por maneiras de se usufruir os benefícios da modernidade, para contrapor as dificuldades desta mesma modernidade, na medida em que a tecnologia não tem contribuído para resolução dos desafios internos das pessoas, proporcionando a busca de caminhos alternativos, para se contrapor ao racionalismo exacerbado de que a mente pode resolver tudo.

No entanto, nós somos seres humanos e não máquinas, e no processo constante de mudança pelo qual passamos a todo minuto, muitas vezes necessitamos do apoio de ferramentas específicas deste momento. Quando isto ocorre você pode escolher um processo que trata efetivamente de mudança, e sobre efetuar mudança, que é o Coaching.

O Coaching é orientado para ajudá-lo a alcançar metas, concretizar seus objetivos, ir além de seus bloqueios mentais e do que acredita ser possível.

O Coaching faz com que a pessoa seja consciente do que está fazendo com a sua vida e mostra alternativas e conduz a mudança.

Diante deste cenário inquietante surgem alternativas milenares que agora estão aos poucos sendo introduzidas nas organizações e visam aumentar a performance de seus executivos, assim como o estudo de como funciona a mente humana e de como gerir nossos estados emocionais.

Diante deste cenário inquietante surge a PNL, sigla de Programação Neurolinguística, que é uma maneira prática e interessante de efetuarmos mudanças significativas em nossa vida. É a maneira como estruturamos a nossa experiência subjetiva, como criamos nossos estados emocionais e como construímos nosso mundo interior e lhe damos significado.

Programação, termo semelhante ao da informática, que, no entanto, em sua versão no termo original em Inglês é programando, se refere às estratégias que usamos para a partir de nossas ações atingirmos nossos objetivos. Neuro refere-se ao nosso sistema nervoso, a nossa mente e como pensamos, através de nossos sentidos de visão, audição, tato, paladar e olfato, e finalmente linguística diz respeito a como usamos nossa linguagem para nos comunicarmos internamente e com o mundo exterior e de que maneira esse uso nos influencia e afeta.

Com a Programação Neurolinguística você pode mudar e gerenciar sua vida, pode escolher seus pensamentos e mudá-los assim que quiser, como suas sensações e comportamentos, eliminando os que já não ajudam e acrescentar outros que o tornarão mais eficaz que os antigos.

A PNL vai mudar sua vida, tornando-o mais confiante e fazendo com que você tenha relacionamentos melhores e abrindo suas possibilidades de ter o sucesso que queira conquistar.

Todo evento que ocorre em nossa vida tem o significado que nós lhe atribuímos e agora com a PNL você terá a opção de escolher que significado dará a sua existência e poderá ter o comando de tudo que lhe acontece em suas mãos.

Para o executivo de vendas do século XXI, é de fundamental importância o gerenciamento de seus estados emocionais. Observe a seguir como isso pode ser feito.

FONTE DAS EMOÇÕES E ESTADOS

TÉTRADE

FONTE → **CAUSA** → **EFEITO**

1. Fisiologia (corpo)
2. Linguagem (palavras)
3. Foco (pensamento)
4. Crença (convicções)

}

1. Emoções
2. Sentimentos
3. Estado

}

1. Comportamento
2. Ações

Nossos estados, sentimentos e emoções são criados por uma tétrade: nossa fisiologia (corpo), nossa linguagem (palavras) - o que nós falamos -, o foco de nosso pensamento e as nossas crenças ou convicções. O estado emocional em que estamos determina nosso comportamento.

Então, cada um de nós é responsável pelo seu estado emocional. Se estamos alegres ou tristes, desanimados ou entusiasmados, isso não caiu de paraquedas, somos nós que estamos criando isso através da tétrade, que é a fonte do estado.

A mudança ocorre através da alteração em um ou mais elementos da tétrade. Esse conhecimento pode nos tirar do papel de vítima e nos tornar mais proativos no controle de nossas próprias vidas.

Outra ferramenta imprescindível no profissional de vendas é saber utilizar com maestria o Metamodelo de Linguagem. Aprender metamodelo é aprender a ouvir e identificar os padrões linguísticos das pessoas. É um meio de obter informações de alta qualidade das pessoas com quem você interage no processo de vendas.

A maior parte das comunicações estabelecidas no dia a dia ocorre no nível superficial. Apenas se toca a superfície das experiências ou dos objetivos a serem comunicados, gerando mal-entendidos, distorções e conflitos e prejudicando em muito a comunicação com o cliente.

O metamodelo é útil para nos tornar capazes de aumentar nossa eficiência, descobrindo as informações específicas e pertinentes. Com o metamodelo é possível descobrir como fazer perguntas para obter respostas específicas e a melhor qualidade possível de informações. Esta técnica pode ser usada também para reduzir ou melhorar nosso diálogo interno quando se estiver generalizando algo a respeito de alguém ou de alguma situação.

Metamodelo, ou seja, perguntas bem formuladas, constitui-se em instrumentos poderosos para permitir que a genialidade potencial da mente humana vá ao encontro dos desejos.

As perguntas são importantes pois direcionam imediatamente o foco de concentração e recuperam informações valiosas que podem estar eliminadas da mente consciente. Aprender a fazer perguntas positivas nos momentos de crise é uma capacidade vital para nos tirar de situações difíceis diante das possíveis objeções dos clientes.

Inúmeras pesquisas demonstram que a maioria das vendas baseia-se no fato de o cliente gostar do vendedor, e como você, vendedor, pode fazer com que o cliente goste de sua pessoa? Usando uma ferramenta poderosa chamada de "RAPPORT".

> *O objetivo maior com o processo de RAPPORT é definir um sistema de feedback, verificável e baseado no sensorial, para que você saiba se você está em RAPPORT ou se o perdeu.*

É a base da comunicação bem-sucedida.

É uma palavra francesa que significa "relação". Tem sido traduzida como harmonia, sintonia, entendimento, simpatia...

CONCEITO

Em PNL, rapport é o processo que leva à harmonia entre pessoas, através do acompanhamento da fisiologia e da linguagem do interlocutor, potencializando, assim, os resultados da comunicação.

ALGUMAS CARACTERÍSTICAS DO RAPPORT

• Em PNL, o RAPPORT é considerado uma atitude, um processo de um conjunto de técnicas.

• O RAPPORT é, antes de mais nada, uma atitude positiva, ativa e sincera de quem o pratica, que se utiliza de técnicas para transmitir ao seu interlocutor a seguinte mensagem implícita: "Eu te conheço, eu te compreendo e eu te aceito".

• Com o RAPPORT é possível colocar-se na posição do outro (segunda posição) e obter dele atenção e confiança.

• O RAPPORT pode realizar-se de forma consciente ou inconsciente.

• O RAPPORT pode ser interno (consigo próprio) e externo (com vários interlocutores)

• O RAPPORT pode ser criado, mantido ou quebrado.

• O RAPPORT não é imitação, mas acompanhamento com discrição, sutileza e elegância.

• PESQUISAS comprovam que, quanto mais uma pessoa tiver sido bem acompanhada, mais fácil se torna orientá-la ou conduzi-la.

• O ACOMPANHAMENTO pode ser feito por espelhamento direto (usando o mesmo canal de expressão) ou espelhamento indireto (usando outro canal)

• VOCÊ pode testar se obteve rapport com outra pessoa se, ao mudar o seu comportamento (ou conduzir), ela também o faz (ou acompanha).

"Fazem-se mais amigos numa semana acompanhando, que em três meses conduzindo."

FORMAS DE OBTER RAPPORT

RAPPORT CORPORAL Linguagem analógica (Albert Mehrabian: 93% do impacto da comunicação)	CORPO (55 %)	Postura, gestos e movimentos (faciais e corporais), respiração.
	VOZ (38 %)	Tom (grave, agudo). Volume (alto, baixo). Velocidade (rápida, lenta). Timbre (metálico...). Outros (entonação, ritmo, sotaque).

RAPPORT DE LINGUAGEM Linguagem digital (7%)	PROCESSO	Predicados visuais, auditivos e cinestésicos, encadeamento de palavras-chaves. "MAS" (apagador). "E"" (conector). Recapitulação.
	CONTEÚDO	Interesses (hobbies) associações (amigos comuns). Crenças (política, futebol etc.)

SISTEMAS REPRESENTACIONAIS

É a ferramenta mais importante no processo de vendas, observar como o seu cliente está processando internamente as informações que está recebendo e em que canal representacional se encontra no momento da compra.

Quando pensamos, "representamos" a informação para nós mesmos, internamente. A PNL denomina nossos sentidos de Sistemas Representacionais. Usamos nossos Sistemas Representacionais o tempo todo, mas tendemos a usar alguns mais do que outros. Por exemplo, muitas pessoas usam o sistema auditivo para conversar consigo mesmas, essa é uma maneira de pensar.

O sistema cinestésico é feito de sensação de equilíbrio, de toque e de nossas emoções.

O sistema visual é usado para nossas imagens internas, visualização, "sonhar acordado" e imaginação.

O sistema auditivo é usado para ouvir música internamente, falar consigo mesmo e reouvir as vozes de outras pessoas.

Tendemos a ter preferências em nossos sistemas representacionais. Com uma preferência visual, você pode ter interesse em desenhar, decorar interiores, moda, artes visuais, TV e filmes. Por meio de uma preferência auditiva, pode ter interesse em línguas, escrever, música, treinamentos e discursos. E, a partir da preferência cinestésica, você pode ter interesse em esportes, ginástica e atletismo.

A linguagem que usamos dá pistas sobre a nossa maneira de pensar. Em PNL, palavras sensoriais são conhecidas como predicados. Usar palavras do sistema representacional principal do cliente é uma maneira eficiente de construir rapport, apresentando a informação da maneira que o cliente naturalmente pensa sobre ela, não sendo necessário que ele a traduza para a sua própria forma de pensar.

Experienciamos o mundo, colhemos e juntamos informações usando nossos cinco sentidos:

V	A	C	O	G
Visual	Auditivo	Cinestésico	Olfativo	Gustativo
ver	ouvir	sentir	cheirar	sentir gosto

O sistema representacional que usamos é visível através da nossa linguagem corporal. Ele se manifesta em:

Postura, padrão respiratório, tom de voz, movimentos oculares

LINGUAGEM DOS SENTIDOS

A maneira de detectar qual Sistema Representacional uma pessoa usa conscientemente é escutar sua linguagem, as frases que gera e perceber os predicados que adota. Na linguagem, os predicados são verbos, advérbios e adjetivos que, na maioria dos casos, pressupõem um Sistema Representacional. O mais usado, por cada indivíduo, chama-se "Sistema Representacional Preferencial".

Visual construído (Vc)
Auditivo construído (Ac)
Cinestésico (C)

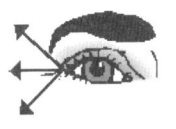

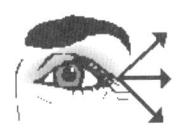

Visual lembrado (Vl)
Auditivo lembrado (Al)
Auditivo digital (Ad)
Diálogo interno

Agora você dispõe de quatro poderosas ferramentas para se tornar o melhor executivo que queira ser, gerenciando seus estados emocionais, entrando em sintonia com seu cliente, usando perguntas poderosas do Metamodelo e observando atentamente o canal preferencial de comunicação de seu cliente.

Coloque em prática, boas vendas e sucesso.

14

COACHING
aplicado à área de
VENDAS

Roberta Gomes

Descomplicando o atendimento com o Coaching

Roberta Gomes

Advogada e tecnóloga em Gestão Comercial, especialista em Consultoria Empresarial e Direito Empresarial, Personal e Profissional Coach - Certificada pela Sociedade Brasileira de Coaching – SBC, com certificação internacional reconhecida pela Association for Coaching. Possui competências em Empreendedorismo, Liderança e Motivação.

(84) 99908-2380
robertagbf@gmail.com

Em qualquer lugar que vamos, o bom atendimento é considerado a essência do negócio, independente do segmento ou tamanho no mercado, pois é o principal canal de comunicação entre a organização e o seu cliente. Mas ainda presenciamos muitos profissionais de vendas atendendo inadequadamente os clientes e o mais impressionante nesse fato é que os números de péssimo atendimento ainda crescem em pleno século XXI e o motivo, na maioria das vezes, está cravado na falta de preparação desses profissionais para o mercado de trabalho.

O bom atendimento está muito mais à frente da ideia de apenas realizar vendas. Ter excelência nesse setor requer muito profissionalismo e esforço para ouvir e entender o que exatamente o cliente necessita no momento da venda. Atualmente, o mercado exige que, além de satisfazer o cliente, deve-se estabelecer um relacionamento embasado em confiança e fidelidade, e isso só ocorre através do contato contínuo em todos os momentos da venda, ou seja, na pré-venda, venda e no pós-venda.

Embora toda a cadeia de consumo seja justificada racionalmente pelo preço do produto ou serviço, prazo, marca, relação de custo-benefício, qualidade, status ou valor agregado, diversos estudos apontam que o ato da compra é estimulado por questões emocionais. Nesse sentido, o maior equívoco das organizações está nas vendas de atributos e preços dos seus produtos ou serviços, quando a verdadeira motivação do comprador está associada a fatores subjetivos. Vejamos que, quando uma pessoa vai a uma loja comprar um tênis, ela não está adquirindo simplesmente o produto TÊNIS, mas sim um objetivo de vida. Nesse caso, o objetivo deste consumidor pode caracterizar a necessidade de melhorar a sua qualidade de vida e bem-estar, bem como eliminar alguns quilos, participar de uma maratona ou outras diversas possibilidades.

Para conquistar e melhor se relacionar com os clientes é que as empresas estão investindo em capacitação e treinamentos específicos dos seus gestores e colaboradores, já que se criou o entendimento prioritário no empreendedorismo de que um bom atendimento começa já no primeiro contato, seja este por telefone, internet ou pessoalmente. Muitos vendedores estão focando e se preocupando em apenas "vender", esquecendo, assim, que o atendimento que deveria ser prestado por eles precisa fazer toda a diferença na hora do fechamento da venda. Imagine que você, como cliente, está prestes a fazer uma compra e o primeiro contato com a empresa foi realizado pelo telefone. Se logo nesse primeiro contato o vendedor abordá-lo bem, com certeza, ao chegar ao estabelecimento, você fará questão de ser atendido pelo vendedor com quem falou ao telefone e, se o mesmo continuar com a linha do bom atendimento, isto é, mantendo a simpatia, educação e o bom humor, as chances de você efetivar a compra crescem consideravelmente.

Deste modo, entendemos que vender é uma tarefa árdua que exige disposição para lidar com diferentes perfis comportamentais das pessoas, bem como conhecimento amplo sobre os produtos ou serviços ofertados e, especialmente, entendimento sobre as mudanças comportamentais dos consumidores, que estão cada vez mais exigentes devido ao aumento do poder de compra dos mesmos. Com isso, para alcançar os clientes de forma certa e eficaz é necessário investir em treinamentos específicos que possibilitem aos vendedores entender como a clientela está reagindo diante de suas abordagens e, além disso, perceber o que mais os atraem e quais os motivos que poderiam inviabilizar completamente uma venda.

Existem vários tipos de treinamentos e capacitação para a área de atendimento e vendas que ensinam técnicas de abordagem ao cliente, atendimento e métodos de negociação. O Coaching focado em vendas tem se tornado prática comum nas empresas que desejam impulsionar os resultados de suas equipes. Ao adotar o Coaching como treinamento das equipes, os resultados são imediatos, uma vez que o processo potencializa a comunicação entre as pessoas, por meio do que chamamos de Programação Neurolinguística - PNL, bem como proporciona ao vendedor uma autorreflexão, ativando alguns comportamentos instantâneos na busca por objetivos em curto prazo. Esse processo visa ainda oferecer técnicas e ferramentas que melhoram significativamente os relacionamentos interpessoais, aumentando o engajamento do funcionário à sua função e transmitindo automaticamente o verdadeiro espírito do trabalho em equipe. Com isso, o profissional terá conhecimento suficiente para planejar suas ações de forma mais assertiva, estimulando-o a criar metas próprias com determinação e foco, tendo como consequência o alinhamento da sua vida profissional com suas pretensões pessoais.

A PNL dentro do setor de vendas faz uma interação dos cincos sentidos

- visão, audição, olfato, paladar e tato -, a fim de usá-los para proporcionar uma comunicação capaz de fazer o cliente ser ouvido na sua essência. Dentro dessa programação mental positiva, os vendedores conseguem se aproximar do cliente de forma bem natural e quebrar o gelo que o mesmo impõe ao entrar no estabelecimento comercial. É através dessa ferramenta que o Coaching desenvolve mais ainda o poder de percepção de mundo e deixa o beneficiado pelo processo compreender melhor como as informações são processadas e direcionadas para uma ação positiva, que, nesse caso em questão, resume-se ao fechamento de uma venda.

O QUE AS EMPRESAS ESTÃO BUSCANDO NOS PROFISSIONAIS?

Embora não exista nenhum profissional perfeito e possuidor de todas as competências consideradas ideais pelo mundo empresarial, existem algumas habilidades, técnicas e perfis comportamentais que são considerados indispensáveis por esse universo. De fato, cada empresa elege o conjunto de competências e características que são necessárias aos seus contratados, podendo até algumas se apresentarem mais flexíveis nas escolhas, mas as palavras de ordem do mercado de trabalho atual são qualificação e adaptação, independente do perfil e ramo de atuação da organização.

Do mesmo modo, profissionais que mostram dedicação e "vestem a camisa" da empresa são considerados fundamentais, pois, além de demonstrarem vontade de contribuir e se dedicarem muito ao trabalho, geralmente inspiram e motivam os demais colegas a fazerem o mesmo. Além disso, colaboradores com boa comunicação, que articulam com clareza suas ideias, com poder de persuasão, facilidade em se relacionar com as demais pessoas, que sabem lidar com frustrações ou momentos de dúvidas e dificuldades, sejam estes causados por algum problema interno ou externo, também são fundamentais para qualquer perfil profissional na área de atendimento e vendas.

Atualmente, a maneira de se trabalhar nas empresas sofre mudanças constantemente. Antes só era necessário ter funcionários que cumprissem as suas obrigações, mas hoje em dia a procura é por pessoas cada vez mais qualificadas e que tenham competências múltiplas. Se fosse necessário montarmos um perfil que as empresas procuram, podemos dizer que o profissional de atendimento e vendas deveria ser uma pessoa que, além de saber executar perfeitamente a sua tarefa primária (venda), deveria ter também outras qualidades pessoais que serviriam de "up" na companhia.

Com base nisso é que vem se desenvolvendo um perfil do profissional do futuro, o qual deverá apresentar conhecimento total de suas qualidades para potencializá-las nos momentos oportunos, além de ter a sensibilidade de reconhecer as suas limitações e os pontos fortes dos demais funcionários da organização, a fim de desenvolver maior entrosamento e melhorar os relacionamentos interpessoais da empresa. É nesse ponto-chave que entra o processo de Coaching, uma vez que ele auxilia no desenvolvimento de talentos, capacidade de liderança e autoconhecimento.

POR QUE UMA EMPRESA DEVE INVESTIR NO PROCESSO DE COACHING?

Muitas organizações que procuram a metodologia do Coaching não sabem o real motivo para investir nesse processo. No geral, quando é perguntado aos empresários o que precisa ser trabalhado dentro da sua empresa, a resposta mais corriqueira é a liderança. Porém, cada empresa possui suas características próprias e as lideranças são apenas uma parte do todo que deve ser trabalhado, devendo a abordagem ir mais a fundo, adentrando na esfera da perspectiva da empresa perante o seu funcionário, como por exemplo: "O que você espera da liderança da sua empresa?", "O que falta nesse funcionário para que ele esteja alinhado com as exigências da sua organização?"

No caso das organizações que não sabem o que precisa ser trabalhado no seu ambiente empresarial, é necessário que estejam abertas a receberem o processo e, acima de tudo, aceitarem as mudanças que devem ser feitas, principalmente nos aspectos comportamentais, que na maioria das vezes entram em contradição com a cultura organizacional da empresa. Com isso, ao contratar um Coach para atuar dentro de uma empresa, é preciso ter em mente que ele será o condutor de todo o processo, e que os gestores, líderes e colaboradores deverão agir em prol das mudanças positivas e, consequentemente, alcançar os objetivos esperados pela companhia. O Coaching, na verdade, proporciona a transformação para que profissionais se desenvolvam e mantenham a alta performance e, como já dito, além das habilidades citadas, serão trabalhadas também no processo a flexibilidade, o aumento de percepção e visão sistêmica, o planejamento estratégico, a administração de tempo, dentre outros aspectos comportamentais, neurológicos, psicológicos e emocionais.

COACHING COMO DIFERENCIAL PARA PROFISSIONAIS QUE BUSCAM EXCELÊNCIA DE RESULTADOS

Grandes mudanças e inovações fazem parte do cenário atual do mercado de trabalho. A qualificação técnica alinhada ao bom desempenho profissional passou a ser requisito básico, pois atualmente o mercado de trabalho está mais estreito e precisa-se de pessoas que vão além do simples domínio das suas habilidades motoras e disposição para cumprir ordens. O desafio da vez é "gerar movimento". Profissionais que não buscam a melhoria no desempenho e insistem em permanecer na zona do conforto estarão destinados a permanecerem na inércia. A velocidade do mercado, a seleção dos clientes quando o assunto é escolha do estabelecimento acabam exigindo das companhias a adequação ou troca da sua mão de obra atual por uma qualificada e ascendente. Dessa forma, o Coaching sugere uma nova postura profissional com mais foco, ação, resultado e melhoria contínua (FARM).

Decorrente dessas reais necessidades de somar o processo de Coaching ao mundo empresarial é que se percebem os inúmeros benefícios que o mesmo pode proporcionar aos seus aderentes, proporcionando a criação e o estabelecimento de metas e objetivos de curto, médio e longo prazo (até um ano, até três anos e acima de cinco anos, consecutivamente). O sucesso da prática do Coaching tem se alastrado. As corporações estão entendendo a sua importância e o diferencial quando aplicado aos profissionais na medida em que se tornaram perceptíveis os reais benefícios no resultado individual e coletivo e, consequentemente, a melhoria na qualidade de vida e na sinergia da equipe de trabalho, aumentando a motivação e disciplina em busca dos objetivos pessoais e organizacionais.

COACHING DE VENDAS – O PASSO A PASSO PARA CONDUZIR A VENDA E ENCANTAR O CLIENTE

O Coaching de vendas é o método que utiliza as etapas do processo de Coaching para conduzir o cliente em direção à solução que irá resolver o seu problema. Essa condução é utilizada até que o mesmo encontre o suprimento para suas necessidades e desejos. Para este processo, o vendedor Coach deve se preparar para fazer as perguntas certas, no momento certo, devendo coletar todas as informações que o levem ao entendimento do cenário em que o cliente está inserido, buscando identificar o perfil consumista e suas principais características, deixando que o cliente perceba a importância e os impactos do problema e finalmente conduzi-lo à satisfação.

Esse processo é dividido em duas partes, em que em um primeiro momento as técnicas devem ser aplicadas ao vendedor para que ele desenvolva o autoconhecimento. Além de uma reflexão sobre as diversas áreas de sua vida, deverão ser definidos todas as metas e objetivos do mesmo, gerando o conhecimento dos pontos fortes que contribuirão na conquista destes objetivos. Também deverão ser identificadas quais as estratégias, competências e habilidades que gerarão sucesso tanto na vida pessoal como profissional desse funcionário. Após este ato, deve-se elaborar um plano de ação que lhe permita sair do seu estado A rumo ao objetivo planejado – estado B.

Em um segundo momento, as técnicas devem ser aplicadas na área da negociação com o cliente. A metodologia da venda orientada e o conhecimento dos padrões comportamentais permitem que o vendedor Coach tenha uma melhor compreensão sobre a forma de pensar e agir do cliente, que gera uma maior eficácia no processo de vendas, pois a partir do momento em que o vendedor identifica a necessidade específica do comprador o processo está em suas mãos, e poderá ter um final feliz ou não, tudo a depender da condução da venda.

15

COACHING
aplicado à área de **VENDAS**

Roberto Recinella

Seja um vendedor tardígrado

Roberto Recinella

Especialista em neurocomportamento.
Idealizador da PHD – Pharmácia do Desenvolvimento Humano, a 1ª Farmácia Comportamental do Mundo.
Desenvolveu o programa GAPP – Gestão de Alta Performance Profissional.
Criador do Caap Agro – Capacitação de Alta Performance para Profissionais do Agronegócio.
Coach com mais de 1.000 horas formado na Academia Brasileira de Coaching licenciada pelo BCI – Behavioral Coaching Institute, utilizando a Filosofia Willpower.
Possui MBA pela FGV e Ohio University em "Gestão de pessoas em ambiente de mudanças".
Eleito um dos 25 maiores nomes em motivação corporativa no Brasil, sendo um dos colaboradores do livro "Gigantes da Motivação", Ed Landscape, 2007.
Autor dos livros: "É Divertido fazer o impossível", "Superando Limites" e "Eu sou o Obstáculo".
Coautor dos livros "Coaching – a nova profissão", "Programados para vencer".
Mais de 4 milhões de pessoas já leram os artigos de Roberto Recinella.
Professor MBA – Faculdade Integrada de Campo Mourão/PR.

(44) 9146-2518
www.rrecinella.com.br
www.neurocomportamento.com.br

A palavra tardígrado vem do termo em latim para designar aqueles que andam devagar, também chamados de urso d'água ou leitões do musgo. Essas criaturas invertebradas pertencem ao filo tardigrada, possuem oito patas com quatro a oito garras e o seu tamanho varia de 0,05 a 1,25mm. Vivem entre os musgos e liquens, sendo pigmentados de laranja avermelhado ao verde oliva.

Uma de suas características interessantes é que chegam a viver até os 120 anos, um fato extraordinário para um ser minúsculo como ele. Além disso, os tardígrados conseguem "parar" o seu metabolismo quando existem condições adversas como extrema seca. Também possuem uma inacreditável capacidade de autorreparação e fazem isso com o seu próprio DNA em casos de danos causados por radiação.

Se não bastasse tudo isso, eles ainda conseguem suportar temperaturas tão frias quanto as do Nitrogênio líquido (-210 ºC) ou tão quentes como as dos vulcões, doses de radiação que matariam um ser humano em segundos, prosperam no vácuo do espaço e sobrevivem sem água por um ano.

E provavelmente é uma das únicas espécies conhecidas que foi e voltou do espaço do lado de fora do foguete e sobreviveu.

Neste momento você já deve estar confuso e se questionando o que isso tem a ver com vendas.

Escolhi o termo "tardígrado" para fazer um paralelo com a área de vendas, exceto o fato de andar devagar, mas fora isso um vendedor tem muitas destas características "tardígradas". Ele necessita ser altamente adaptável, resiliente, persistente, além de estar sempre pronto para ter que enfrentar situações supostamente "impossíveis" de se solucionar, só falta viver até 120 anos.

Claro que existe uma dezena de outras competências envolvida na área de vendas que separa um profissional de elite de um medíocre, mas a boa notícia é que a maioria delas pode ser desenvolvida através do Coaching.

Apesar de muitos acreditarem que o Coaching é uma ferramenta recente, ela já existe há ao menos 2.400 anos por meio do filósofo Sócrates, na Grécia Antiga, com o seu método de transmissão de conhecimentos e sabedoria pelo diálogo. Através de perguntas ele fazia com que as pessoas ampliassem seu conhecimento e concluíssem por si mesmas o que deveriam fazer.

Coaching significa auxiliar uma pessoa a mudar da maneira que ela quer, ajudando-a a caminhar na direção que deseja ir, potencializando seus pontos fortes e apoiando-a em todos os níveis do processo para que ela atinja os objetivos desejados e assim alcance os resultados almejados.

Nós temos total liberdade de mudar nossas crenças à medida que sejam úteis ou não em cada etapa da vida.

O Coaching se baseia em dois princípios: foco no futuro e ações no presente.

Foco, disciplina, comprometimento e determinação são os pilares de um processo de Coaching bem-sucedido.

Vou exemplificar esta questão através de Charles Elwood "Chuck" Yeager, o 1º piloto a "quebrar" a barreira do som que foi representado pelo ator Sam Shepard no filme o "Os Eleitos", de 1983, e escreveu um livro com o título "Prossiga!"

Para um sujeito como ele, que quebrou a barreira do som, combateu na 2ª Guerra Mundial, recebeu dezenas de medalhas pela sua bravura, com o peito cheio de medalhas para provar a sua coragem, e uma dúzia de troféus em seu escritório, provavelmente é muito mais fácil falar sobre determinação.

Mas, não para a maioria de nós que não conhecemos a emoção de quebrar recordes de velocidade, barreiras do som ou pular de paraquedas, que vivemos diariamente o desafio de prosseguir. Especialmente na área de vendas, onde a cada 30 dias o "score" zera e tudo começa de novo, temos que recomeçar a buscar os resultados muitas vezes na mesma área e com os mesmos clientes.

Então a pergunta é: como fazer isso no dia a dia?

Eu costumo responder a essa pergunta com uma afirmação: "Não existe receita de bolo".

É muito comum experimentar um bolo saboroso e pedir a receita ou testemunhar alguém fazendo isso. Pela minha experiência, a maioria das pessoas esquecerá a receita em uma gaveta qualquer sem nunca reproduzi-la, ou seja, nem tentam, e as poucas pessoas que o fazem não alcançam os resultados esperados. Um ou outro indivíduo ainda persistem, alteram a receita e assim obtêm o produto almejado.

Observe que a receita só foi bem-sucedida quando o indivíduo a adaptou, transformando-a em sua própria receita. Por isso, não acredito em receitas de bolo prontas, cada um deve descobrir a sua própria.

Se não existe receita de bolo universal por que deveria existir uma receita para o sucesso, vendas ou felicidade universal?

Confesso que sempre me senti desconfortável diante das "receitas de bolo". Não acredito quando ouço "faça isso desse ou daquele jeito que vai dar certo". Na maioria das vezes receitas prontas apenas funcionam com as máquinas ou os pobres de espírito. As pessoas são diferentes entre si, ninguém é igual a ninguém, por isso o indivíduo geralmente é maior do que as receitas prontas.

Então não siga receitas de outras pessoas, crie as suas próprias.

Basta navegar na internet ou andar um pouco numa livraria para encontrar dezenas de publicações apresentando soluções prontas e fáceis para qualquer problema, seja pessoal, profissional ou espiritual. Acreditamos inconscientemente que apenas uma frase, parágrafo, publicação ou evento será suficiente para nos fazer atingir o Olimpo do sucesso.

O mercado está repleto de gurus de plantão alardeando fórmulas mágicas (receitas de bolo) de como se deve fazer isso ou aquilo para ser bem-sucedido. Encobertos pelo manto da prepotência, acreditam que sabem o que é melhor para todo mundo e são detentores da "receita universal perfeita" que serve pra todas as pessoas. Parece aquela palha de aço que possui 1.001 utilidades.

Não existe receita fácil de fazer, geralmente ela é inconstante, tem muitos ingredientes, formas e está em muitos lugares.

Apesar de cada vez mais as pessoas concluírem cursos de graduação, pós-graduação, atrás do conhecimento técnico para assim atingir o tão almejado sucesso, poucas o alcançam, pois mesmo com todo esse esforço a maioria ainda é traída pelas suas atitudes.

Não existe receita universal para se alcançar o tão almejado sucesso em vendas, mas existem algumas diretrizes que devem nortear o indivíduo na busca de seus desejos. Para isso é necessário se questionar, o que você faz realmente que impacta no seu resultado em vendas?

Definir metas parece ser um dos principais segredos, depois basta manter-se focado na disciplina.

A vantagem em vendas é que, semelhante aos aventureiros e esportistas de sucesso, a conquista é mensurável, isto é, eles medem e estabelecem metas de tempo, distância etc. E nós, vendedores, de volume de vendas, mix de produto, margem, cobertura de cotas.

Um corredor, por exemplo, treina para baixar seu tempo, mas isto não é aleatório, existe um plano de desenvolvimento, hoje existem milhares de atletas que estão treinando há anos para poder bater recordes olímpicos, mas apenas um conseguirá isso, e o que o faz saber se foi bem-sucedido é simplesmente a marca do seu tempo.

Ainda bem que na área de vendas podemos ter mais de um vencedor, pois diferente do que a maioria das pessoas pensa não competimos uns com os outros, mas contra com nós mesmos.

Por isso a importância de mensurar em vendas, mas ao contrário do que você possa imaginar não estou me referindo ao preço, margem, volume, prazo de vendas, cotas etc. Acredito que isso qualquer sistema faça e disponibilize para os gestores de vendas.

O diferencial está em conseguir mensurar o que deixamos de vender e, mais do que simplesmente isto, conseguir diagnosticar o motivo pelo qual isso está acontecendo.

Muitos profissionais de vendas ainda não têm metas claras e mensuráveis ou mesmo um projeto de vendas e gestão de clientes explícito por escrito. Costumamos dizer que sabemos o que estamos fazendo, mas de forma extremamente empírica, com isso entramos em uma rota de crescimento espiral e nunca estamos satisfeitos porque, como não temos metas claras, nunca as atingimos.

Por isso, não existe sucesso em vendas sem esforço e planejamento. Para atingi-lo temos que nos comprometer com nossas metas e objetivos, isto significa muitas vezes deixar de fazer o que gostamos para fazer o que é necessário, por exemplo, deixar de ir a uma festa para estudar para uma importante visita ou comprometer parte das férias para fazer um curso de aperfeiçoamento em negociação.

Lembre-se de que somente você pode decidir fazer as mudanças necessárias para que alcance quaisquer metas que tenha estabelecido para si mesmo.

Sucesso é paixão seguida de planejamento, sendo assim, traçar um plano de ação é essencial.

Teoricamente basta você responder em detalhes a seguinte pergunta: "Como vou fazer isso ou aquilo?" Escreva a resposta listando as diversas atividades, tarefas e atitudes que deve tomar, coloque prazos para a realização de cada uma delas e mãos à obra. Regularmente reveja a lista para avaliar em que estágio você está de cada atividade descrita. Se tiver alguma que não se encaixa mais ou já foi cumprida, substitua.

Como já disse no parágrafo anterior, na teoria é fácil fazer isso, já na prática... Por esse motivo, ter um Coach ao seu lado faz a diferença.

Sucesso em vendas é uma questão de atitude. É fazer as coisas que devem ser feitas. Não se pode ficar de braços cruzados esperando que o pedido ou o cliente dos seus sonhos venha bater à sua porta. Lute, vença os obstáculos que com certeza irão aparecer em seu caminho na busca dos seus desejos e lhe servirão para provar a sua determinação.

Para que você compreenda melhor, vou lhe convidar para tomar um CHA com Scott B. Parry, é bem verdade que uma xícara de chá não faz mal a ninguém, mas neste caso estou me referindo a outro tipo de CHA.

Scott B. Parry, em seu livro "The quest for competencies", de 1996, fala em "um agrupamento de conhecimentos, habilidades e atitudes correlacionadas, que afeta parte considerável da atividade de alguém, que se relaciona com seu desempenho, que pode ser medido segundo padrões preestabelecidos, e que pode ser medido por meio de treinamento e desenvolvimento". O autor daí extrai uma sigla que fundamenta sua ação: CHA – Conhecimento, Habilidade e Atitude.

O Conhecimento diz respeito à pessoa dominar um determinado assunto que lhe proporcione know-how a respeito de algo que tenha valor para a empresa, o mercado ou ela mesma. É o saber. Na maioria das vezes não utilizamos tudo o que sabemos.

A Habilidade é conseguir agregar valor com o conhecimento que se possui. Diz respeito à pessoa conseguir trazer resultados através do conhecimento que tem, produzindo algo efetivamente. É o saber fazer. O "como" utilizar o conhecimento nas atividades cotidianas.

E finalmente a Atitude assertiva e proativa, a iniciativa propriamente dita. Diz respeito ao indivíduo não esperar as coisas acontecerem ou alguém lhe dar ordens, e fazer o que necessita ser feito por conta própria. É o querer fazer, aplicar habilidades oriundas de um determinado conhecimento.

Eu acrescentaria ainda ao CHA motivação e amor (no sentido de paixão). Sem motivação não temos energia para fazer nada na vida e o amor é fundamental, pois mais do que simplesmente gostar devemos ser apaixonados pelo que fazemos, transformando assim o CHA em CHAMA que acende o pavio do entusiasmo ruma à bomba que irá lhe proporcionar a explosão de energia necessária para lançá-lo rumo ao sucesso.

Quem não procura aprimorar os seus conhecimentos, sempre; quem não consegue desenvolver suas habilidades, cada vez mais; quem não consegue ter atitudes, rápidas e diferenciadas, está fadado ao insucesso.

Se a sua realização profissional não está indo na direção ou velocidade que você espera, não olhe para isso como se fosse o fim do mundo, pois esse fato representa apenas 15% da sua jornada rumo ao topo. Ao invés de ficar preocupado com isso, você deve olhar para a sua atitude, pois ela sim será responsável pelo seu sucesso ou fracasso. E o que é mais interessante: a atitude depende única e exclusivamente de você mesmo.

Se nós somos produto de nossas atitudes então é importante que examinemos nossas atitudes, positivas e negativas, para descobrir o impacto que estão tendo em nossas vendas.

Então, para se tornar um vendedor tardígrado você poderá contratar um Coach de vendas ou tornar-se um Coach de vendas.

16

COACHING
aplicado à área de **VENDAS**

Vanessa Cotosck

Foco do cliente ou no cliente?

Vanessa Cotosck

Fundadora e diretora da Consultoria Valor, mercadóloga, palestrante, Coach e executive Coach com certificações internacionais. Mais de 15 anos em Treinamento e Desenvolvimento de Pessoas, Gestão de Vendas e Negócios. Sólida experiência em Educação Corporativa, Franquias e Consultoria. Empreendedora, apaixonada por gente e alta performance. Ministra e desenvolve conteúdos para convenções, treinamentos e palestras. Identifica necessidades para implantar ações para disseminar e alinhar o conhecimento do negócio das empresas para formar liderança e equipes de alta performance.

vanessa@consultoriavalor.com.br

Não é só uma questão semântica. A escolha do tema está totalmente ligada a minha trajetória, a toda a experiência que pude vivenciar na carreira (pessoalmente, com liderados e atualmente com clientes na Consultoria e Treinamento).

Durante muitos anos exerci funções na área de vendas e até hoje percebo em meus trabalhos que esse é um grande desafio para todo e qualquer profissional, o foco do cliente. Seja ele de Coaching, profissional de vendas, líder, empreendedor ou liderado. Quando trabalhamos com vendas, toda empresa orienta a se mergulhar no produto e nas técnicas de vendas, então o que falta? Falta mergulhar, aprofundar e conhecer o foco do cliente.

Essa é uma grande oportunidade porque ao utilizar as ferramentas de Coaching, aplicado à área de vendas, é certo que você se aproximará do cliente e saberá como surpreendê-lo. Esse é o grande momento - o seu sucesso!

Recentemente, quando ministrava um treinamento para consultores experientes na área de vendas percebi que eles, apesar dos anos de estrada, queriam aprender técnicas de vendas e saber mais sobre perguntas eficazes, deixando claro que o foco do aprendizado estava na pergunta.

Durante a venda, enquanto o cliente falava sobre suas expectativas e dores, o vendedor já estava pensando em qual seria a próxima pergunta, para que pudesse demonstrar sua oferta, mesmo que essa não refletisse o foco do cliente.

Pelo desconhecimento do poder das perguntas poderosas de Coaching, muitas vezes a arte da venda se transformava em sofrimento e desgaste tanto para o vendedor como para o cliente.

O vendedor se utiliza de perguntas "fechadas", causando desconforto, ou abertas, de forma aleatória, sem prestar atenção, acreditando que é capaz de vender usando de argumentações inteligentes, sem levar em consideração o mapa mental do cliente.

Foco no ou do cliente, mais do que uma mera discussão semântica, são orientações estratégicas bem distintas e não ter isso bem claro pode fazer com que se percam vendas e portas se fechem, por não ter a velocidade necessária para lidar com as rupturas externas que impactam nos negócios diretamente.

O consumidor atual é mais informado e, consequentemente, mais exigente, consciente de suas necessidades, informado sobre seus direitos e apoiado por organismos de defesa.

Em busca de atendimento excelente e interação, as respostas automáticas e padronizadas são repudiadas. E ao utilizar as ferramentas de Coaching aplicadas à área de vendas você fará uma escolha inteligente para alavancar sua performance.

A expectativa é ser atendido de maneira individualizada num canal de comunicação aberto e numa via de mão dupla, em que o cliente perceba os diferenciais na conduta de quem o atende.

Esse profissional contemporâneo busca inovação, novos modelos, concepções, atitudes, tendo claro que o foco do cliente está totalmente ligado com a experiência de compra.

Conseguimos perceber que tornar nosso processo de venda consciente é fundamental e você pode fazer agora algumas reflexões:

- Como agir? Que postura é exigida?

- Que tipo de comportamento favorece esse relacionamento com clientes com alta expectativa?

- O que me aproxima e fortalece para gerar uma experiência incrível ao cliente?

Você já deve ter notado que existem alguns profissionais que conseguem, facilmente, vender muito mais do que outros, ganhando destaque no mercado. Aí você se pergunta: "Qual será o segredo?"

Acredito que tenha percebido que as reflexões que propus foram guiadas por perguntas abertas, de forma que você experimentasse construir seu raciocínio e chegasse as suas conclusões.

Essa é uma estratégia para você utilizar com seus clientes, para dar a eles a oportunidade de refletir, pensar e encontrar em você/seu produto, a solução que buscam. Um modelo construtivo da venda.

Vender com foco do cliente é "a arte de entender em detalhes o mundo de quem compra de você".

Explorar a venda construtiva, em que o cliente é conduzido a construir o raciocínio e a partir da experiência de compra percebe a solução que precisa e declara suas motivações para o fechamento.

As perguntas levam o cliente a pensar no seu problema, suas "dores", expectativas de forma mais profunda e na provável solução. O que faz sentir-se mais comprometido e responsável, reduzindo o número de objeções normalmente encontradas.

Na contrapartida, o vendedor Coach estrutura a solução com o cliente, efetivando uma venda qualificada.

Utiliza-se de abordagem positiva, evita jargões e entra em sintonia com o cliente.

Tem como objetivo apresentar mecanismos de apoio ao cliente para a solução de seus problemas, demandas e desejos, ultrapassando os limites dos modelos mais utilizados.

O vendedor não oferece as respostas, mas estimula o cliente (a partir de perguntas) a desenhar e construir uma solução, que atenda as suas necessidades.

Manter sua estratégia no Foco do Cliente é ficar atento às expectativas dos consumidores para satisfazê-las o mais rápido possível, é ouvir verdadeiramente sem filtro, ouvir, ouvir, apoiar e acolher.

Quando parece não haver mais saída, usar dessa ferramenta traz uma nova perspectiva em que o vendedor sai da zona de conforto e encontra recursos.

Isso faz lembrar-me de um case de um fabricante de café que precisou lidar diversas vezes com a insatisfação de um grande cliente corporativo porque não conseguia desenvolver um produto final que apresentasse as características de aroma e sabor exigidas pelo comprador.

Após propor várias soluções, quando o relacionamento já se encontrava estremecido, a empresa enviou um profissional experiente para a fábrica, que embalava o produto, a fim de resolver o problema de uma vez por todas.

Chegando lá, descobriu que o motivo não estava no processo da embalagem e sim na água utilizada pelo consumidor final. A água da região utilizada para o preparo do café possuía um pH que alterava consideravelmente o aroma do produto.

Se ele não tivesse mergulhado mais sobre o processo do seu cliente, é bem provável que jamais conseguisse encontrar uma solução para o problema.

> *"A arte de interrogar é bem mais a arte dos mestres do que dos discípulos; é preciso ter já aprendido muitas coisas para saber perguntar aquilo que não se sabe." (Jean Paul Sartre)*

✦ ✦ ✦

E como agir? Qual a solução? Como me aproximar do cliente em cada atendimento?

Ao entender mais sobre o foco do seu cliente, espera-se que a postura e condução dos processos de vendas e negociação tenham outro patamar.

Entendemos que a venda é apresentada normalmente em estágios para que didaticamente tenhamos um entendimento e facilidade para aprender mais.

Desde a abertura da venda, no "quebra-gelo", utiliza-se de perguntas que facilitam a percepção sobre o ambiente do cliente, outras com o objetivo de obter a necessidade implícita e para que ele visualize o tamanho e as consequências de seus problemas, dores e desejos.

Dessa forma, ele estará mais atento para construir soluções, como também estará mais aberto a compartilhar suas necessidades.

Ao se apropriar do Coaching como ferramenta aplicada à área de vendas, o grande diferencial é que o foco do vendedor não está nas perguntas e sim no foco do cliente.

O relacionamento com cliente é uma situação poderosa de alavancagem e de aprendizagem mútua, nos desafios do dia a dia e em momentos de crise.

Isso é facilmente percebido em empresas que competem com sucesso e apresentam soluções fantásticas, muito admiradas, como é o caso da Apple, Google e outras.

Quando falamos dessas empresas parece quase indiscutível o olhar para o foco do cliente. As marcas por si só podem se tornar uma experiência e aqui ressalto a Apple, porque nos círculos de tecnologia ou convencionais sempre há um desejo pelo que a Apple faz.

Desde as compras na Apple Store, depois o momento de abrir seus produtos em casa ou até para reclamar e ser atendido por telefone, a experiência é sempre muito agradável. Tudo está em sintonia, tudo "simplesmente funciona".

Independente se você gosta ou não da Apple, não há dúvidas de que você percebe qual é a experiência criada por ela, através de depoimentos.

Um bom exemplo disso é que mesmo ameaçada pelo crescimento da Samsung e outras a Apple continua tendo "defensores" que acreditam nos produtos e na experiência proporcionada por seus serviços.

Outro dia ouvi de um cliente, amigo, que havia entrado na piscina com o celular e já não tinha como recuperar. E não teve mesmo. Iniciou o contato por telefone e ficou tão admirado com o atendimento de suporte que, mesmo tendo de comprar um novo celular, não tinha dúvidas de que seria mais um iPhone.

A experiência do cliente é a essência da empresa, o simples é a maneira de garantir que todo e qualquer usuário consiga utilizar com pouco tempo de interação. Simples!

A percepção é real, afinal eles conseguiram transformar um computador, que era uma ferramenta de negócios, em um objeto de desejo.

Essa é uma excelente oportunidade para refletir:

- Como você pode transformar seu produto/serviço em um objeto de desejo?
- Como "ser atendido por você" pode ser a primeira escolha do cliente?
- Como fazer para que a compra do seu cliente seja uma experiência incrível?

Seja simples! Direcione para o foco do cliente.

E, para que você possa terminar a leitura do capítulo já com um plano de ação, faça o exercício de sua autoavaliação com a Roda Foco do Cliente, considerando pontos fortes e a desenvolver na venda:

COACHING DE VENDAS – FOCO DO CLIENTE

Esta é uma ferramenta de autoavaliação ou para apoio do líder no desenvolvimento de sua equipe comercial. Atribua uma nota numa escala de 0 (nunca) a 5 (sempre) a cada uma das competências destacadas como essenciais para atuar com o foco do cliente, e assinale a sua nota na posição do raio correspondente em sua roda.

RODA - FOCO DO CLIENTE

Proximidade

Presença

Fechamento

Perguntas poderosas

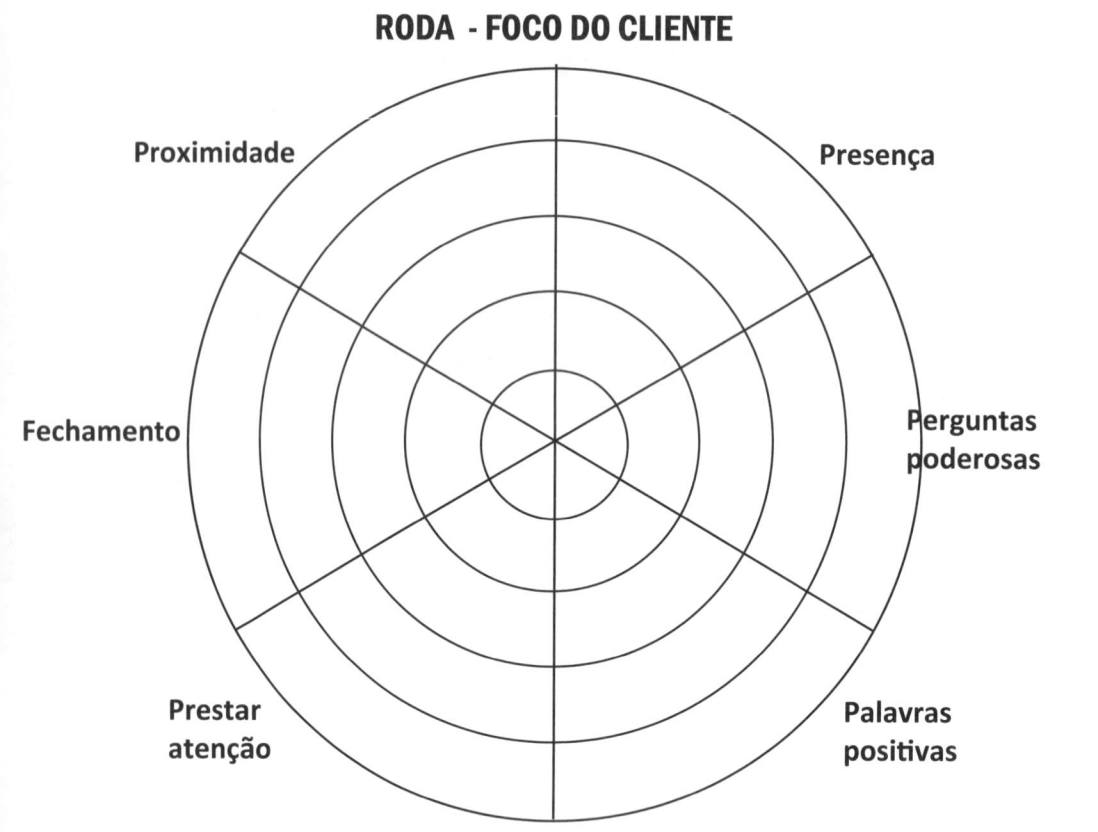

Prestar atenção

Palavras positivas

1- Proximidade - Abordagem

"Demonstra preocupação sincera com o bem-estar do cliente, expectativas e soluções para o cliente."

- Prepara o ambiente e cuida dos detalhes externos de forma que o atendimento possa ser totalmente dirigido ao foco do cliente.
- Dá atenção total ao cliente e utiliza o rapport para aproximar-se.
- Faz perguntas que expressam interesse e preocupação com o cliente.

2- Presença

"Está plenamente focado no momento do cliente e estabelece um relacionamento aberto, flexível e confiante."

- Concentra-se no cliente e não em si mesmo.

- Reage ao que está acontecendo, demonstrando total interesse na expectativa do cliente.
- Percebe maneiras diferentes que pode usar para reagir a uma mesma situação.
- Consegue facilmente ter várias perspectivas sobre uma situação.

3- Perguntas poderosas - Sondagem com foco do cliente

"Sente-se capaz para fazer perguntas que revelam as informações necessárias para o maior benefício da relação entre vendedor e cliente (Coach e coachee)."

- Utiliza perguntas para a compreensão da perspectiva do cliente.
- Faz perguntas abertas que geram maior clareza, possibilidades e informações relevantes.
- Faz perguntas que conduzem o cliente na direção do que ele deseja (acompanha o cliente fazendo perguntas subsequentes, inspiradas nas respostas dadas pelo cliente).

4- Palavras positivas - Argumentação

"Capacidade de se comunicar com eficácia durante a venda e de usar linguagem que traga o maior impacto positivo sobre o cliente."

- Usa de linguagem adequada e respeitosa com o cliente (não discriminatória).
- Evita jargões, diminutivo, vícios de linguagem, não utiliza gerúndio e foca na argumentação positiva.
- É claro, articulado e direto, usa linguagem e palavras que influenciam o cliente.
- É capaz de recorrer a recursos que contenham informações que se apliquem à situação do cliente.

5- Prestar atenção – Objeções

"Habilidade de concentrar-se completamente no que o cliente comunica (verbal e não verbalmente), compreender o significado do que está sendo dito no contexto dos desejos do cliente e de apoiá-lo."

- Escuta as preocupações do cliente sobre o que quer e não quer.
- O foco da conversa permanece no cliente (faz uso de perguntas).
- Promove ajustes à negociação com a mudança da situação.
- Mostra-se bem-humorado para aliviar a tensão no momento adequado.
- Resume, faz paráfrase, espelha o que o cliente disse a fim de assegurar clareza e entendimento.

6- Fechamento

"Integra e avalia corretamente várias informações, faz interpretações que ajudam o cliente a obter a conscientização, cria oportunidades para que o cliente enxergue as soluções que atingirão os resultados pretendidos."

- Envolve o cliente para que ele explore ideias e soluções alternativas, avalia opções e estimula a avaliação cuidadosa das opções relacionadas.
- Faz uso de perguntas (abertas e fechadas) para encorajar e facilitar as tomadas de decisão.
- Demonstra segurança ao dar o ritmo à negociação.
- Sente-se à vontade para propor o fechamento (comprometimento) no momento apropriado.

DEFINIR PRIORIDADES E ESTRATÉGIAS PARA ALAVANCAR SUA PERFORMANCE

Agora que você já atribuiu as notas a cada um dos aspectos avaliados na roda, ligue os pontos (você pode pintar).

Como ficou a imagem? Regular ou irregular?

É importante refletir.

Os pontos que estão mais próximos ao centro da roda (0, 1 e 2) demonstram que sua roda vai girar com dificuldade e você precisa girar.

Atenção! Ao manter essa pontuação você vai se adaptando a rodar aos trancos e a venda se desgasta e você acaba se acomodando num nível perigoso sem buscar desenvolvimento e aprendizado.

Você também pode ter assinalado com (3, 4, e 5) pontos que te levam para as extremidades da roda (sair da zona de conforto – foco do cliente). Excelente, você está em busca ou já atingiu o nível de competências essenciais, agora é manter e aprimorá-las. Parabéns!

Essas são competências que te aproximam do cliente e você pode aproveitar a oportunidade para refletir o que precisa ser ampliado.

Olhando novamente para sua Roda Foco do Cliente, responda:

• Quais são os pontos fortes?
• Como posso "reproduzir" essas atitudes nos pontos em que preciso melhorar?
• Quais são os pontos que preciso melhorar?
• Quais são as ações para atingir o que precisa ser mudado? Prazo?
• Que indicadores usarei para perceber minha evolução?

Pratique, reveja seu plano, reavalie e tenha a constante evolução.

Permita-se e mergulhe no foco do cliente. Além de gerar uma experiência positiva para ele, você vivenciará a incrível sensação de superação.

17

COACHING
aplicado à área de **VENDAS**

Prof. Wilson Saraiva

Quando tudo dá errado!

Prof. Wilson Saraiva

Formado pelo Sociedade Brasileira de Coaching e Behavioral Coaching Institute EUA.
Professor das disciplinas Cultura Organizacional, Marketing Estratégico, Economia e Projetos de Marketing, Educar para Pensar, Gestão de Qualidade, Treinamento e Desenvolvimento Empresarial, APL – Arranjos Produtivos Locais em Logística, Negociação e Aspectos Gerenciais, Pesquisa de Marketing e Clima Organizacional.
Professor de pós-graduação em Pedagogia Empresarial – Comunicação Organizacional, Coaching, Liderança e Motivação no ambiente de trabalho.
Especializado em XTreme Coaching e Positive Coaching - que é o Coaching de superação de limites e estudo da felicidade humana.
Coordenador dos cursos de MBAs da Unifil EAD.
Embaixador pelo Londrina Convention & Visitors Bureau.

(43) 8411-5711 / (43) 9994-3393
verbcomunicacao@gmail.com

Durante nossa estadia no planeta Terra somos suscetíveis a vários aplausos, elogios e rejeições. Facilmente nos embriagamos com as palmas, mas na maioria das vezes não aceitamos as vaias.

Elas geralmente entram como uma flecha certeira em nosso cérebro, acertando nossos desprotegidos pensamentos. E são eles que geram automaticamente nossas emoções negativas, trazendo um desequilíbrio nocivo. Quando nos propomos a alcançar a excelência profissional ou pessoal, iniciamos uma busca pelo autoconhecimento e também pelo aprendizado contínuo. Nasce em nós uma necessidade gritante de atualizarmos nossos conhecimentos e, nessa busca, devoramos livros, assistimos a palestras, cursos, treinamentos etc. Eles se tornam nosso café da manhã, almoço e jantar. Mas, e quando tudo que aprendemos parece não surtir o efeito esperado diante de determinado cliente, ou quando tudo o que você sabe, fez ou conhece não é suficiente para alcançar sua realização máxima? Frustrante, não?

Há pouco tempo o brasileiro experimentou um dia inesquecível. A caminho das finais, jogando em casa, com a torcida a favor e um belo sol iluminando o estádio, a seleção brasileira de futebol parecia desenhar a maior de todas as vitórias até ali. Diante de um cenário extremamente favorável em que tudo só podia dar certo tudo deu muito errado, 7 a 1 era um placar inimaginável até para o terráqueo mais incrédulo, tamanho o peso das circunstâncias a favor do Brasil e, infelizmente, amargamos a derrota mais histórica do futebol brasileiro.

O que fazer quando a situação que parecia estar sob seu controle, ou aquela venda certeira, aquele pedido estratégico quase fechado simplesmente não acontece?

Na infância, trabalhando com meu pai atrás de um balcão de açougue, de maneira simples e intuitiva ia aprendendo pouco a pouco a como lidar com as pessoas, como tratá-las e como entender o comportamento de cada uma delas.

Meu pai sempre me dizia que, quando abrimos as portas do nosso estabelecimento pela manhã, não sabemos o que nos espera, o mesmo acontece quando ligamos para alguém, quando enviamos um e-mail, ou quando saímos para uma visita de negócios. Cada cliente tem a sua própria realidade pessoal.

Em um dia de domingo com o açougue cheio me deparei com uma senhora que já era nossa cliente há algum tempo, sempre carrancuda e mal-humorada, parecia fazer questão de permanecer assim, seu rosto não esboçava nenhum sorriso e possuía traços tensos e enrugados. Seu andar cabisbaixo e de ombros caídos a caracterizavam de longe. Suas palavras secas e pesadas faziam com que os funcionários evitassem atendê-la, jogando essa responsabilidade sempre uns para os outros. Nesse dia o premiado fui eu. Desafiei-me a começar a atendê-la com um largo sorriso e um bom-dia sincero e agradável, ao que no primeiro e segundo dia não houve nenhum tipo de resposta, apenas o rosto amargo e semblante de pouquíssimos amigos, mas, a partir do quarto dia percebi uma diferença, ela ao menos já respondeu o bom-dia, sem nenhum sorriso, é verdade, mas respondeu. Ao final de alguns dias passou a conversar e contar sua história, dizendo que havia perdido o marido há pouco tempo, que seu filho caíra nas drogas e que chegava todos os dias quebrando coisas dentro de sua casa, que ela estava com a saúde muito abalada e sentia fortíssimas dores por todo o corpo. Aprendi uma lição mais que valiosa para o mundo dos negócios. O consumidor tem seus próprios motivos, seus próprios pensamentos e suas emoções e comportamentos são frutos de algo que não está diretamente claro aos nossos olhos. Porém, esses motivos estão ali na sua frente, bem na hora em que você oferece seu produto. A comunicação que vem deles muitas vezes vem com "sujeira" e nem sempre o que estão dizendo é o que realmente é. Dizer "não" é simplesmente uma resposta baseada num dia ruim que ele teve, no momento em que está passando ou um bloqueio para qualquer tentativa emocional de aproximação, visto que ele mesmo tem poucos motivos para estar alegre ou disposto a comprar. Por isso, saber ler nas entrelinhas é fundamental. Assim como em uma torneira que, ao ser ligada, pode vir carregada de sujeiras do encanamento, na comunicação deve-se deixar a "sujeira" sair e depois entender as verdadeiras razões do "não" do cliente.

Não absorva emoções negativas - controle a razão e a emoção, busque incessantemente seu ponto de equilíbrio ou a sua própria proporção áurea. Ouvir uma resposta arrogante, bruta ou mal-humorada pode atingir em cheio suas emoções como um soco em uma luta de boxe. Silvester Stallone, em um de seus filmes da saga Rocky, diz que "Não se trata de ganhar ou perder, se trata de quanto você aguenta apanhar e continuar firme". Não é o que acontece, mas sim o que você faz e atribui ao que acontece que faz toda a diferença. Nelson Mandela disse a um repórter que o questionou sobre o absurdo de passar 30 anos na prisão, ao que ele simplesmente respondeu: "Passei 30 anos me preparando para ser o líder da minha nação".

Melhore suas defesas emocionais. Discipline suas frustrações. Coloque pensamentos racionais na balança que rege a emoção e a razão. 95% de tudo do que você tem medo jamais irá realmente acontecer.

Aprenda que:
1. Pensamentos geram emoções;
2. Emoções geram comportamentos;
3. Comportamentos nos levam à mudança.

Muitos de nossos pensamentos são inconscientes e se baseiam em experiências do passado. Vivemos esses pensamentos e não temos a real consciência de que eles podem e devem ser confrontados. Um pensamento negativo desencadeia uma emoção negativa que te leva a se comportar de maneira negativa e pode levá-lo à insegurança, medo, sentimento de rejeição.

Então reflita:
1. Quer mudança? Mude comportamentos.
2. Como mudo comportamentos? Mudando as emoções que estão ligadas a esse comportamento! Para identificar a emoção pergunte-se: "Qual sentimento está dentro de mim quando ajo dessa forma?"
3. Como mudo minhas emoções? Mude a maneira de pensar a respeito da sua dificuldade!

Pense positivamente, o pensamento sempre será o início de tudo.

Planeje sua mudança, o que eu quero ser, ter e fazer nessas áreas em que tenho dificuldade? Importante: defina datas para que isso aconteça.

Todas as vezes em que você muda um pensamento obriga seu cérebro a criar novas conexões neurais, criando assim novas redes e fazendo seu cérebro se regenerar. Então não é loucura afirmar que diante de uma situação ruim como um NÃO você deva abrir um sorriso. Sabe por quê? Todo seu corpo está preparado para ficar derrotado, mas ao sorrir você embaralha as emoções e as faz se recomporem no cérebro dando uma ordem ao seu corpo diferente do que a sua emoção quer dizer. Pratique esses novos comportamentos. Desafie-se a contrariar suas emoções não desejadas.

Todos os dias criamos aproximadamente 80.000 pensamentos, desses, 75% são exatamente os mesmos pensamentos de ontem e do dia anterior e do outro dia atrás... Precisamos criar novos pensamentos. Eles sem dúvidas nos manterão vivos e ativos.

Quer um exemplo? Algumas pessoas sempre vão ter mais dificuldades do que outras para resolverem seus problemas. Hoje nós sabemos que desde o início da vida tanto a carga genética quanto as experiências vividas influenciam na formação neural que fundamenta a nossa força psicológica e nossa maneira de enfrentar nossos desafios. Um ciclo químico se desencadeia em nosso cérebro quando estamos estressados (seja com a venda, com a empresa ou com o cliente), nosso hipotálamo pinga em nossa corrente sanguínea a corticotroprina, favorecendo a vida do nosso amigo cortisol, hormônio que aumenta a capacidade de resposta a situações desafiadoras mas que em níveis muito elevados pode provocar vários problemas de saúde. Imagine-se acelerando um carro sem parar em semáforos, placas etc. O cortisol liberado em nossa corrente sanguínea apenas de vez em quando é positivo mas de maneira continua é como se acelerássemos sem parar. Nossa resistência psíquica, chamada resiliência, vem dos caminhos neurais criados por resistência ao medo e enfrentamento de situações sociais e emocionais. O segredo da criação de nossos escudos reside exatamente aí. Fortaleça-se! Enfrente suas situações de medo ou de estresse.

Prepare-se emocionalmente para o NÃO!

É possível ter total autocontrole? Não! Nenhum ser humano domina plenamente sua emoção. Apesar de todos os estudos a respeito do assunto e de o processo de Coaching ajudar muito no controle de emoções negativas, ao dominarmos algumas de nossas emoções logo surgirão outras a serem dominadas e assim sucessivamente.

Então imagine se suas próprias emoções exalassem cheiro. Qual cheiro você estaria exalando durante a abordagem ao cliente? Ao absorver emoções negativas durante o dia você se torna um depósito do lixo alheio e inconscientemente pode estar exalando, em sentido metafórico, um odor negativo. Você está fedendo?

Se sua emoção está desprotegida absorve com facilidade o lixo e as coisas fétidas das outras pessoas, tornando sua emoção doente, instável, e ainda mais desprotegida, negativista e ansiosa. Um simples problema pode invadi-la e ferir. Mas isso é treinável. Assim como um jogador que treina os fundamentos em que ele tem maior dificuldade, como cobrança de penalty, passe, drible ou arrancada, por exemplo, você também é capaz de treinar sua maior dificuldade. Qual é a sua maior dificuldade? Que habilidades estão faltando? Existe algo que continua mantendo mesmo após tentativas de resolvê-la? O que é? Se pudesse descrever em passos sua dificuldade, quais seriam essas características? Qual é o ponto principal ou núcleo desse problema ou dificuldade? Qual dessas características do problema pode ser trabalhada imediatamente? Qual habilidade está lhe faltando? Que ações precisam ser tomadas? Promova uma agenda de mudança. O que eu farei a partir de amanhã para definitivamente superar essa dificuldade?

Quando discriminamos nossos clientes nós os diminuímos. Quando os supervalorizamos, diminuímos a nós mesmos - encontre seu ponto de equilíbrio (proporção áurea). Se uma palavra, uma frase ou uma conversa te ofendeu, ela provavelmente te atingiu em lugares vulneráveis. Lugares vulneráveis escondem uma emoção deficiente, a razão equilibra a situação altamente emocional e cria um escudo protetor para as suas emoções e frustrações. A razão reside no confronto dos sentimentos. Por exemplo, como você reage quando o cliente lhe trata mal? Essa pergunta ajuda a identificar sentimentos (emoção escondida). Como posso assumir o controle dessa situação? Como gostaria de me sentir após essa visita? O que você fará da próxima vez? Perguntas como essas levam a profunda reflexão e ao confronto de seus medos e emoções negativas. Perguntas racionais ajudam a criar e fortalecer seu escudo.

Encontre maneiras de extravasar suas emoções e controlar seus pensamentos. Recarregue seu combustível. Todas as emoções precisam de combustível, sem ele a raiva, a tristeza, o amor, o medo e a determinação não são nada. Quando você absorve emoções negativas dos outros está alimentando as suas próprias emoções com coisas negativas. Quando você possui uma emoção deficiente, provavelmente seu "radar" interno fica procurando algo para abastecer o combustível ligado a essa emoção. È exatamente por isso que quando se está apaixonado vê-se o mundo de outra maneira, facilmente o casal identifica coisas que podem alimentar ainda mais seu sentimento e sua emoção. Se o "radar" estiver ligado na estação do amor tudo em você buscará coisas, pessoas e situações para contribuir e recarregar seu combustível. O mesmo acontece quando se está triste. Liga-se a TV e você começa a procurar programas que abasteçam seu sentimento. Liga-se o rádio e seu "radar" procura músicas bem tristes para abastecer essa emoção. Assim com a raiva, assim com a determinação etc.

Tenha você mesmo ou crie links mentais como fotos, músicas, animais, crianças, ou coisas que possam contribuir para lembrar-lhe de âncoras mentais positivas. As fotos eternizam momentos, por isso, tenha perto de si uma que te dê a ideia de alegria ou uma lembrança agradável. As músicas promovem um diálogo interno muito poderoso e te levam a uma verdadeira viagem pelo tempo e espaço. Em uma mesma música podemos melhorar nossa emoção (acordes, instrumentos) e nossa razão (letra). Tenha uma lista de seis músicas engraçadas (podem ser ridículas), três que te lembrem bons momentos (como aniversários, Natal, festas etc.) e outras três com as quais você sinta prazer. Repito: prazer, e não dor.

Tenha um hobby, filmes, séries de TV, teatro, circo, música, esportes, coleções particulares etc. Aproxime-se das crianças, elas sempre nos surpreendem, nos levam a pensar, rir e a desligar o nosso pensamento de outras coisas. Tenha animais de estimação. Assim como as crianças eles também sempre nos surpreendem, nos acariciam e nos compreendem independentemente de qualquer situação. Essas atitudes farão seu cérebro ter prazer e liberar um coquetel de bons hormônios, te levando a uma sensação de bem-estar.

Crie relacionamentos de apoio, como família, amigos, Coach, líder, ou se for preciso crie grupos de apoio mútuo. Deva sua mudança a alguém. Se não dever essa mudança a alguém ela não acontecerá. Não existe sucesso sem o pensamento ideal, seu pensamento determina seu destino. Você vai se tornar o que pensa na maioria de seu tempo.

O que você pensa na maioria de seu tempo? Limpe seu cérebro!

Transforme objeções em desafios e desafios em perguntas. Pergunte-se! Questione-se! Identifique sua fonte de problema e transforme-a em uma pergunta aberta. Einstein transformou um problema em uma pergunta. Como posso fazer para viajar na ponta de um feche de luz pelo universo? Uma pergunta aberta tira sua atenção para o problema e coloca todo seu ser em uma obstinação para encontrar uma resposta. Os gênios são levados por perguntas que fizeram aos seus problemas. Caso não questionemos nossos problemas e os confrontemos eles se acumularão, se transformarão em frustrações que nos acompanharão por toda uma vida e ficarão alojadas no nosso subconsciente. Qual a pergunta que te fará ir ao encontro de seu objetivo? Evite perguntas que contenham as palavras eliminar, perder, ou deixar de.

Crie grandes objetivos e motivos fortes para valer realmente a pena.

Quanto maior o grau de dificuldade ou de preço a ser pago pelo objetivo, maior será a força do motivo + ação. Um motivo sempre estará carregado de emoção e é ela que te faz agir. Entenda que as objeções são apenas uma ótima oportunidade de aprendizado e que isso envolve provas, mas também está carregado de boas emoções. Por isso aprenda com as situações. O processo de aprender também libera endorfina, gerando bem-estar e um processo de aprendizagem feliz. Você deixará de ver a situação como objeção e sim como oportunidade de aprender. Entenda que 85% de todos seus problemas de relacionamento não podem ser mudados. Sofremos por situações que sequer podem chegar a existir e por outras que estão fora do nosso controle. Perceba que, quanto mais perto estamos das pessoas, mais defeitos enxergamos, isso é inevitável. Aprenda com as pessoas, aprenda sobre pessoas! Comprometa-se com o aprendizado contínuo, pense e responda: "Quanto eu consegui aprender nesses últimos três meses? Que lição posso extrair dessa visita?"

CONSTRUA O MELHOR DIA - Como fazer uma coisa chata ser prazerosa? Será que as pessoas altamente bem-sucedidas só fazem o que gostam? Coloque sua assinatura, sua marca registrada, o melhor de suas qualidades em seu dia e ele será sempre o melhor dia.

QUER O MELHOR MEL? ENFRENTE AS ABELHAS! - Não existe sucesso sem dor. Se a dor é inevitável, o sofrimento é opcional. A dor passa, o sofrimento é constantemente alimentado por você.

CRIE UMA NOVA HISTÓRIA E DEIXE DE CONTAR UMA ESTÓRIA PARA SI MESMO. Esqueça as desculpas. Enfrente, questione suas emoções, vença-as e escreva uma história maravilhosa de sucesso. Defina o preço a ser pago por suas metas. Até que ponto estou disposto a ter o sucesso almejado? Não nivele por baixo nem muito acima. Estórias são baseadas em mentiras e desculpas que contamos para nós mesmos. História é algo real criado todos os dias até a nossa morte. Pessoas fracassadas apaixonam-se por suas desculpas.

Objetivamente e racionalmente falando, vender é uma questão matemática. Quando você repete várias vezes uma ação específica ela cria uma proporção. Mais ou menos como arremessos em uma cesta de basquete, a cada X arremessos tem Y de acertos. Vender é uma equação matemática simples. Se visito dez clientes e somente dois fecham negócios (20%) sempre terei dez a cada 50 visitados. Se você perder clientes deve aumentar o número de visitas. Incessantemente, intensifique o que está fazendo para que obtenha os mesmos resultados. No beisebol, no futebol, no basquete te pagam milhões por acerto. É simplesmente proporção. Se hoje visitei dez clientes e dessa vez apenas um fechou negócio, amanhã visitarei 15, e se não for suficiente aumentarei a quantidade continuamente. Compense com números o que talvez lhe falte em controle emocional.

Infelizmente, as pessoas passam mais tempo planejando sua festa de aniversário do que sua própria vida. Planeje-se, Organize-se, Não perca o foco! Venda!

O dinheiro que ganhamos nada mais é do que uma troca. Antigamente, um criador de cabras media sua energia gasta para criar a sua cabra e quanto ele trocaria pelo saco de arroz. Pergunta: "Quanto de sua energia você está disposto a dispensar pelo seu cliente?" Atenda seu cliente como se ele estivesse pagando o seu salário dos sonhos e não o que você ganha. Sabe o que acontece? Sua energia será recompensada e todos vão achar que estão pagando pouco pelos seus serviços ou produtos. Torne-se encantador. Quebre o padrão diário em que o cliente está inserido, surpreenda-o, tenha sempre um brinde, uma bala, um mascote, ingressos etc., todos adoram ser presenteados. A surpresa positiva pode diminuir a tensão do momento da venda.

Faça pequenas ações todos os dias e elas se tornarão a razão do seu sucesso, porque sucesso é medido em centímetros e não em quilômetros. Assim como em uma abençoada chuva financeira, não deixe de pingar.

A FÉ... O PAPEL DA FÉ

A fé expande nossos pensamentos, visto que através dela acreditamos no impossível, no difícil, na mudança concretizada. A fé se torna a catapulta que nos joga além da simples imaginação e nos faz acreditar e ter esperança real na realização de nossos objetivos. O ser humano necessita de fé. A necessidade de pertencer a algo maior do que ele mesmo ou acreditar que existe algo maior do que ele sempre o impulsionará. A fé está fundamentada naquilo que ainda não vemos, mas mesmo assim acreditamos poder ser real. Sem fé nosso mundo é finito, e a simples ideia de finalização nos torna limitados. Na fé os ganhos se tornam infinitos, visto que nem a morte é o ponto final, somente uma pausa. Acredite, tenha fé!

Você acha que pessoas de sucesso aceitam com facilidade dias ruins? Imagine Abraham Lincoln tendo seu dia ruim, imagine Gandhi tendo seu dia ruim, imagine como começaria um dia ruim na vida de Nelson Mandela, não existe diferença alguma entre você e as pessoas que você mais admira. Elas apenas chegaram lá primeiro. Repita para você e para o mundo: "Eu estou chegando!"

Você já utilizou todos os recursos de seus aparelhos de celular, as funções da sua TV ou todos os atributos de seu carro? Provavelmente não! Então, certamente também não utilizou todo o seu potencial pessoal. Você pode muito mais do que imagina que pode!

Minha sugestão é utilizar-se do modelo **GROW** (**G**oal, **R**eality, **O**ptions, **W**ill), desenvolvido por John Withmore, que é uma sequência de planejamento em que o Coach leva seu coachee (aprendiz) a reflexões e tomada de decisão sobre as metas que estipulou para sua vida ou sua carreira.

Goal = Meta: esse cliente está alinhado aos meus objetivos? Conseguirei investir mais tempo, energia e paciência com ele?

Reality = Realidade: suas objeções são reais? Qual é a verdadeira realidade por trás da situação, ele está em um dia ruim ou sou eu que estou com muito pouca paciência?

Options = Opções: quais opções eu tenho para resolver isso de forma que me torne um vendedor ainda muito melhor (desafie-se)?

Will = Vontade: depende de quem para melhorar essa situação? O quanto estou disposto a desafiar-me a resolver esse problema? De 1 a 10...

<u>**Reflexão:**</u> você conhece algum jogador que acertou todos os lances sem errar nenhum? Conhece algum que nunca quebrou um dedo, uma perna, uma unha que seja? Um motorista que errou uma marcha? Um atleta que escorregou, ou não acertou o salto almejado? Um pedreiro que nunca errou? Imagine um confeiteiro que nunca perdeu um bolo mesmo depois de todo trabalho de elaborar a massa, das horas de forno etc. O que acontece

é que nesse exato momento em que dá tudo errado a vida nos coloca diante de uma escolha. Melhorar, crescer, aprimorar, inovar, concentrar ou chorar, reclamar e virar as costas?

O sucesso e as histórias que você vai contar, sim, aquelas em que muitos nem acreditam, está sendo escrita agora, com letras como ENE, A, O e TIL, isso mesmo: NÃO.

O "não" é um ato de aprimoramento e treinamento diário, que requer disciplina, foco, e motivação. Disciplina é aquela mesmo que te faz ir ao banheiro quando tem vontade, acordar no horário certo, ou levar o lixo à lixeira mais próxima. Você é capaz! Foco é quando você enxerga com a visão de raio x do Super Homem, aquela em que o foco é tão grande que você vê através das coisas. Por isso afirmo: você é capaz de enxergar além das dificuldades, porque a certeza de que está no caminho certo é mais importante do que a remuneração ao final do mês e transforma negativas em motivação. Você tem motivos? Você ainda os tem? Quais são eles? Você está fazendo pelos motivos certos? Lembre-se de que podemos acrescentar, retirar ou manter nossos motivos. Se seus antigos motivos se desfizeram ou você já os satisfez, encontre outros. Independentemente de sua idade, credo, situação financeira. O desequilíbrio entre nossas recordações e nossos sonhos transforma nossa vida em morte em vida. Se não sonhamos mais estamos mortos-vivos. Quando você possui mais recordações do que sonhos você está caminhando para a morte. Encontre motivos, pelos filhos, pelos netos por Deus, por um legado. Lembre-se de que só os vermes nunca tropeçarão, simplesmente porque vermes andam com o nariz arrastando ao chão. Você é um verme?

REFERENCIAIS:
Deepack Chopra, Sociedade Brasileira de Coaching, Augusto Curi, Dale Carnegie, OG Mandino, James Hunter, Revista Neurociência, Jim Rohn

Faça parte deste time de SUCESSO!

A Editora Leader tem uma coletânea de livros sobre Coaching*, uma das mais poderosas ferramentas da atualidade.

Confira!

E novos títulos estão a caminho.

Acesse nosso site. Conheça, também, a variedade de opções que preparamos para você.

Editora Leader®

(11) 3991 6136
contato@editoraleader.com.br

www.editoraleader.com.br